感谢

教育部人文社会科学研究项目"复杂环境下厘清多周期叠加的债务资源错配机理及风险防控机制研究"（17YJC790108）

国家社会科学基金一般项目"大数据时代企业债务风险动态预警与安全保障机制研究"（18BJY004）

的资助

周期叠加环境下企业债务资源配置及风险防控研究

梅波○著

立信会计出版社
LIXIN ACCOUNTING PUBLISHING HOUSE

图书在版编目(CIP)数据

周期叠加环境下企业债务资源配置及风险防控研究 /
梅波著. —上海：立信会计出版社，2021.10
    ISBN 978-7-5429-6946-0

    Ⅰ.①周… Ⅱ.①梅… Ⅲ.①企业债务—资源配置—
风险管理—研究—中国 Ⅳ.①F279.23

    中国版本图书馆 CIP 数据核字(2021)第 204512 号

策划编辑　　方士华
责任编辑　　方士华
封面设计　　南房间

周期叠加环境下企业债务资源配置及风险防控研究
ZHOUQI DIEJIA HUANJINGXIA QIYE ZHAIWU ZIYUAN PEIZHI JI FENGXIAN FANGKONG YANJIU

出版发行	立信会计出版社			
地　　址	上海市中山西路 2230 号		邮政编码	200235
电　　话	(021)64411389		传　真	(021)64411325
网　　址	www.lixinaph.com		电子邮箱	lixinaph2019@126.com
网上书店	http://lixin.jd.com			http://lxkjcbs.tmall.com
经　　销	各地新华书店			
印　　刷	上海万卷印刷股份有限公司			
开　　本	710 毫米×960 毫米		1/16	
印　　张	8.25		插　页	1
字　　数	108 千字			
版　　次	2021 年 10 月第 1 版			
印　　次	2021 年 10 月第 1 次			
书　　号	ISBN 978-7-5429-6946-0/F			
定　　价	46.00 元			

如有印订差错，请与本社联系调换

前　　言

经济环境复杂多变,复杂环境下的中国经济正向集约型经济增长方式转型。复杂环境会引发企业债务风险进而加剧企业价值波动,面对异质周期叠加企业如何分类配置债务资源进而防控债务风险具有重要性,符合近期中央经济工作会议等重要会议及文件精神。本书对复杂环境下多周期叠加的企业债务资源配置及风险防控机制进行研究,先对研究背景以及研究意义进行阐述,再进行文献述评与相关理论分析。本书通过理论与实证分析主要得出以下结论:

(1)第3章,探讨经济周期与企业生命周期联动,经济周期和企业生命周期联动效应较大,宏观与微观结合形成联动。本章实证分析异质周期联动差异下负债结构的差异,同时用案例探讨经济周期与企业生命周期联动下负债结构情况,经济周期与企业生命周期联动性强弱差异下资产负债率、短期负债率、长期负债率及银行借款率等存在的差异。在复杂环境下,企业需要深入认识周期联动问题,认识事物发展的客观规律,优化企业债务结构进而防控债务风险。

(2)第4章,阐述经济周期与企业生命周期联动对债务代理成本的影响,建立模型实证分析周期联动对债务代理成本的影响,并在进一步细化分类下实证分析周期联动对债务代理成本的效应。本章研究发现:在经济周期与企业生命周期联动性好时,投资风险性更高,资产替代现象更严重,债务代理成本更高,即联动性越好企业债务代理成本越高,联动性越差债务代理成本越低。地方国企相对中央控股企业,在经济周期与企业生命周期联动性下债务代理成本更高,投资风险性更大。在资产负债率较高组中经济周期与企业生命周期的联动性对债务代理成本的影响更大,在一定程度上表明,企业需要控制资产负债率,防止债务代理成本增加。

(3)第5章,阐述多周期叠加强化效应下企业债务结构配置差异,进行理论分析并提出研究假设,再建立模型实证分析在多周期叠加强化效应下企业债务比例、债务期限结构差异。本章通过实证研究,对在经济周期和行业周期的多周期叠加强化效应下房地产企业的债务结构进行差异分析。对经济周期和房地产行业周期划分,企业形成多周期叠加阶段,通过分组统计分析,发现在经济周期与行业周期叠加上升阶段,债务比例和债务期限结构小于非叠加上升阶段;在经济周期与行业周期叠加下降阶段,债务比例和债务期限结构大于非叠加下降阶段。实证得出:房地产行业企业在经济周期和行业周期的叠加强化上升阶段相对于非叠加上升,房地产行业的企业总体的资产负债率有所降低,并且债务期限缩短;而在经济周期和行业周期的叠加强化下降阶段相对于非叠加下降,房地产行业企业的资产负债率有所上升,并且债务期限也会增加。

(4)第6章,实证分析多周期叠加效应下企业信贷风险防控。基于外部环境叠加分析企业贷款变化行为,研究发现经济周期和制造业行业周期多个区间存在周期叠加。在周期叠加强化效应下制造业企业银行贷款存在差异性。本章通过对固定效应等模型的实证分析,发现制造业企业在经济周期和行业周期的叠加强化上升阶段相对于非叠加上升阶段,企业银行贷款比例更高,叠加机遇和压力下企业银行贷款变化明显。本章研究经济周期和行业周期的叠加强化效应对制造业企业银行贷款变化的影响,揭示其多周期叠加状况与企业银行贷款之间的变化规律。制造业企业在关注企业内部因素的同时,需要更加重视企业的外部因素,能够提前预测企业所处经济周期和行业周期阶段,提前调整银行贷款规模,双重叠加机遇和压力下分类进行企业银行贷款配置。

(5)第7章,阐述多周期叠加效应下防控企业债务风险的模型与实证研究,剖析经济周期和行业周期在企业债务风险、周期叠加强化效应下企业债务风险与防控举措,揭示多周期叠加与企业债务风险变化规律,拓展复杂周期性下风险防范研究。在叠加强化效应下房地产企业债务风险表现出差异性,房地产企业在经济周期和行业周期的叠加强化上升阶段相对于非叠加上升阶段,企业债务风险水平整体相对更低,企业债务风险与复杂周期联系紧密。处于上行的周期叠加区间的企业债务违约风险会低于处于下行的周期叠加区间。

(6)第8章,实证分析基于蒙特卡罗方法的企业债务风险防控。本章通过分析行业及公司债务风险的表现形式,选取多项指标作为债务风险衡量指标,构建研究行业及公司债务风险预警体系。首先,运用行业与公司均值比较方法,得出企业相对于行业的总体债务风险水平;其次,利用蒙特卡罗概率筛选方法,挑选出企业及行业数据中参数期望值与真实值偏差较大的多项指标;再次,按不同的权重比排序不同指标在预警体系中的位置和作用,以保证债务风险预警体系的可靠性和稳定性;最后,通过企业债务风险的多指标特征,探寻短期和长期债务风险的形成机理,利用蒙特卡罗方法,筛选可靠、稳定的债务风险衡量指标,将其应用到债务信息披露制度,进而构建行业和企业债务风险预警机制,发挥预测和决策建议作用。

(7)第9章,实证分析基于层次分析法的企业债务风险指标构建与风险防控。本章运用层次分析法建立企业债务风险评价指标体系,选取7个二级指标,分别从规模风险、违约风险、结构风险三个方面对企业债务风险进行分析,构建企业债务风险评估指标模型。全面考虑企业债务风险评价指标中各指标的重要性,利用层次分析法对企业债务风险评价指标进行赋权,得出在企业债务风险中偿债风险所占权重更大,同时对其进行了指标排序分析,并从实例的年度动态视角分析出企业债务风险高低变化。

本书对研究主题的分析,有利于深入理解复杂环境以及多周期叠加的债务资源错配,拓展精细化管理等理论在复杂环境下优化债务结构防控债务风险的作用;丰富了多周期叠加方面的定量研究以及多种周期叠加下债务资源错配及债务风险防控的依据。在理论与实证分析基础上,本书还得出一系列的研究建议,如从强化战略风险防控思维、加强企业债务风险管理、鼓励多元化融资、信贷机构应优化企业综合信用评级体系、优化企业债务结构、共同考虑短期与长期债务风险预警体系、复杂周期环境下注意上行与下行周期叠加、相关主体可参与监控企业债务风险、相关主体可参与治理债务风险高的企业等方面提出建议。

本书的完成,尤其感谢王焦、吕姝璇、饶甫、税奥捷、胡雪、辜意超、舒灵林、李万敏、熊俊淋、梅可欣等人员的支持,当然研究还存在一定的局限性;同时感谢重庆交通大学工商管理学科资金的一定资助。总之,本书的研究具有一定的理论与实践意义,是对研究主题的一次有益探索。

梅 波

2021 年 10 月

目　　录

1

第1章 导　　言

1.1　研究背景

　　经济环境复杂多变,复杂环境下的中国经济正向集约型经济增长方式转型。《中华人民共和国国民经济和社会发展第十三个五年规划纲要》指出,"十三五"时期,国内外发展环境更加错综复杂,面临诸多矛盾叠加、风险隐患增多的严峻挑战;结构性矛盾更加凸显,金融风险隐患增大,债务水平持续上升等;统筹应对去债务杠杆过程中的财政金融风险,以可控方式和节奏主动释放风险等。这表明复杂环境下债务风险防控具有重要性。2016年中央经济工作会议指出加大结构性改革力度,矫正要素配置扭曲;宏观政策要稳、产业政策要准、微观政策要活等。这表明认识客观环境、有效配置资源很重要。复杂环境下行业和企业的发展是经济结构不断优化升级的重要载体,复杂环境下多种周期存在叠加现象,如何认识复杂环境对微观主体行为的影响,理解宏观经济、中观行业的周期综合特征对于经济发展是重要的。2017年中央经济工作会议强调坚持以推进供给侧结构性改革为主线,适度扩大总需求,加强预期引导,深化创新驱动,全面做好调结构、防风险等工作;在去杠杆方面,把降低企业债务杠杆作为重点；把防控金融风险放到更加重要的位置等。国务院《关于积极稳妥降低企业杠杆率的意见》国发〔2016〕54号文件指出，我国企业债务规模增长过快，企业债务负担不断加重，这一定程度上导致债务风险上升，需要优化债务结构；要尊重经济规律，充分考虑不同类型行业和企业的杠杆特征，分类施策等。2019年7月国家发展和改革委、中国人民银行、财政部等部门印发《2019年降低企业杠杆率工作要点》文件，明确指出要进一步完善企业债务风险防控机制等。2020年中央经济工作会议表明要树立全面、整体的观念，遵循经济社会发展规律，重大政策出台和调整要进行综合影响评估等。2021年中央经济工作会议指出要处理好恢复经济与防范风险的关系等。近年来，在尚德电力、大全新能源等公司的债务资源错配，上海超日、东北特钢等公司出现的债务违约的复杂环境下，债务风险使这些企业面临财务风险，影响其价值创造。复杂环境会引发企业债务风险进而加剧企业价值波动，探寻企业面对异质周期叠加时如何分类配置债务资源进而防控债务风险具有重要性，符合国家重要文件和会议精神。基于此，本书对复杂环境下多周期叠加的企业债务资源配置及风险防控机制进行研究，具有重要意义。

1.2 研究意义

理论价值：①有利于深入理解在复杂环境以及多周期叠加下的债务资源错配，拓展精细化管理理论在复杂环境下优化债务结构、防控债务风险。②丰富复杂环境下多周期叠加对债务融资结构的作用机理，有利于理解价值创造的深层次来源以及分类防控债务风险的机理。③有利于深化理解"债务结构之谜"。④丰富多周期叠加方面的定量研究,丰富精细化管理等理论解释在多周期叠加下债务资源错配及债务风险防控的依据。

应用价值:①有利于企业理解复杂环境,有利其分类别配置债务资源进而防控债务风险。②有利于政府机构等主体深入理解复杂环境,应对多周期叠加,更好地制定适宜经济政策,科学进行行业规划以及分行业分企业的防控债务风险,防止债务违约现象等。③符合《中华人民共和国国民经济和社会发展第十三个五年规划纲要》、2017年中央经济工作会议以及《2019 年降低企业杠杆率工作要点》等文件中关于优化债务结构防控债务风险的要求。

1.3 主要研究内容

第 1 章,导言。该章主要对本书的研究背景、研究意义以及主要研究内容进行阐述。

第 2 章,文献述评与相关理论。针对国内外研究的现状和趋势进行述评;相关理论包括战略管理理论、精细化管理理论。

第 3 章,阐述经济周期与企业生命周期联动,分析异质周期联动差异下负债结构的差异,同时用案例探讨经济周期与企业生命周期联动下企业负债结构情况。

第 4 章,阐述经济周期与企业生命周期联动对债务代理成本的影响,建立模型实证分析周期联动对债务代理成本的效应,并进一步细化地实证分析周期联动对债务代理成本的影响,得出结论与建议。

第 5 章,阐述多周期叠加强化效应下企业债务结构配置差异,进行理论分析并提出研究假设,建立模型实证分析多周期叠加强化效应下企业债务比例、债务期限结构差异,提供复杂周期性对微观企业效应的证据。

第 6 章，进行多周期叠加效应下防控企业信贷风险的实证研究，基于外部环境叠加，理论与实证分析企业贷款变化，分析叠加强化效应下企业配置信贷资金的机理和证据，剖析异质宏观政策和行业发展态势对企业银行贷款量变化的影响。

第 7 章，阐述多周期叠加效应下防控企业债务风险的模型与实证研究，剖析经济周期和行业周期，研究周期叠加强化效应下企业债务风险与防控举措，揭示多周期叠加与企业债务风险变化规律，拓展复杂周期性下风险防范研究。

第 8 章，阐述基于蒙特卡罗方法的企业债务风险防控分析，分析多项债务风险衡量指标的适用性，探寻短期和长期债务风险的形成机理，利用蒙特卡罗方法，探索筛选可靠、稳定的债务风险衡量指标。

第 9 章，阐述基于层次分析法的企业债务风险指标构建与风险防控分析，运用层次分析法建立企业债务风险评价指标体系，通过模型分析并引入案例来判断相关企业债务风险的复杂性，从实例的年度动态视角分析企业债务风险高低变化，进而从企业内部和企业外部两个角度提出防范企业债务风险的举措。

第 10 章，研究结论与建议。总结本书研究的基本结论并提出对策建议。

第2章 文献述评与相关理论

2.1 文献述评

与本书主题相关的国内外研究的现状和趋势：

第一,经济周期、行业周期相关概述。在经济周期研究中,一方面,已有研究注重真实经济周期,其模型中包括跨期最优选择与一般均衡、理性预期、市场动态供给与需求等特征(Kydland 和 Prescott,1982;蔡明超等,2009;黄赜琳等,2015)。另一方面,使用新凯恩斯动态随机一般均衡(DSGE)模型,在不完全竞争市场下加入价格与工资粘性等(Christiano 等,2005;张伟进等,2015;王曦等,2016)。行业周期研究表明,行业从发展、成熟到衰退等过程表现出行业产量、企业数量等变化,行业周期内部特征存在差异(Gort 和 Klepper,1982;Jovanovic 等,1994;Agarwal 和 Gort,1996;范从来等,2002;Bhaskarabhatla 等,2014)。也有学者对行业景气度方面的房地产周期进行了探讨(徐国祥、王芳,2010;司颖华,2014;高波等,2017;张品一,2019)。

第二,行业和企业周期发展对融资结构存在重要影响。①不同行业的融资结构存在异质性(Bradley 等,1984;Harris 和 Raviv,1991;

Mackay 和 Phillips,2005);郭鹏飞、孙培源(2003)研究了资本结构的行业特征;资本结构与行业发展特征存在重要联系(姜付秀、刘志彪,2005;姜付秀、刘志彪、李焰,2008;闵丹、韩立岩,2008)。②融资结构与产品市场相互影响并存在证据支持(Opler 和 Titman,1994;Chevalier,1995;Mackay 和 Phillips,2005;Kayo 等,2011);财务决策在竞争性行业内怎样被决定(Maksimovic 等,1991;Fries 等,1997)。③较多研究关注企业成长性特征对融资结构的效应(Hovakimian 等,2004;Barclay 等,2006;Hirsch 和 Walz,2009)。现有文献注重单一特征对融资结构的效应,还缺乏同时考察经济周期和行业周期叠加的定量研究,周期叠加效应下的融资行为差异较大。

第三,企业债务结构与周期叠加方面。已有研究基于企业债务结构方面进行探讨,发现不同行业与企业的债务内部结构存在异质性,最佳结构比例等问题仍未解决(Myers,1984;Berens 和 Cuny,1995;孙铮等,2005;杨兴全,2008;梅波,2009;Devos 等,2012;Strebulaev 和 Yang,2013;Graham 等,2015;Sorge 等,2017)。充分认识复杂环境对微观主体行为的影响,认识宏观经济、中观行业的周期综合特征更有助于我们深入理解企业主体行为,更能有效进行战略优化管理。目前周期叠加特征更多运用于气象、水文、农业等领域(邢兰辉等,2007;陶炳新、韦勇娟,2011;彭贵芬、刘盈曦,2014;张梅等,2017),很少见到将周期叠加用于经济管理领域的研究,由于经济环境和行业周期的复杂性,周期间存在叠加关系,厘清其复杂的内在联系,便于深刻认识复杂的经济现象。债务资源错配体现为债务内部结构失衡,债务比例、债务期限不合理,现有文献中关注单一因素,未能有效解释资源错配问题。复杂环境下多周期叠加存在强化效应,现有文献很少理论与实证分析多周期叠加,此效应引起债务比例、债务期限配置不合理,叠加效应会加剧企业价值波动和债务结构变化。

第四,在多周期叠加效应下与企业贷款变化相关的主要文献。复杂环境下多周期叠加存在强化效应,现有文献很少理论与实证分析多周期叠加,多周期叠加效应会加剧企业银行贷款变化。银行贷款方面,银行贷款是企业债务来源中的重要组成部分,关于银行贷款相关研究主要体现在对其经济后果和影响因素分析。银行贷款的经济后果有:银行贷款影响投资(Lang 等,1996;Aivazian 等,2005;黄乾富、沈红波,2009;陆嘉玮等,2016;郭晓蓓,2017);银行贷款与风险之间效应(刘志远等,2017;顾小龙等,2018);银行贷款与商业信用之间的替代互补效应(梅波等,2013;于博等,2018)等。银行贷款影响因素的研究有:银行贷款可得性(杨毅,2009),银行贷款不良率(丁振辉等,2016),银行贷款定价(赵萍,2019),金融发展视角(屈蕊勃,2020)。探讨其影响因素,加入行业和时间变化作为银行贷款影响因素的控制变量(屈蕊勃,2020)。然而现有文献缺乏具体深入探讨行业和时间的潜在重要效应,缺乏从宏观和行业叠加状态进行的剖析。

第五,企业债务风险相关的主要文献。对于企业债务风险研究相对较少,如近年李佩珈、梁婧(2015)表明企业杠杆率高于国际平均水平,加剧金融体系脆弱性,部分债务负担过重、盈利能力较差的企业或将面临资金链断裂的风险等。苟文均(2016)表明,我国国民经济尤其是非金融企业部门债务杠杆的大幅攀升,已显著推升我国系统性风险水平,并在国民经济部门间实施杠杆转移。谭小芬、李源(2018)分析新兴市场国家非金融企业债务的现状、成因、风险与对策。就中国而言,非金融企业部门债务规模在整个新兴市场国家中占比很高,但主要体现为本币债务的上升,外币债务的占比很小,目前中国非金融企业的财务脆弱性尚处于"灰色区域"。张靖等(2018)研究发现,环境不确定性增加了企业债务违约的风险,而企业社会责任履行对两者关系具有缓解作用,且这种缓解作用更多存在于非国有企业中。李明睿(2019)研究发现,债务违约风险越高的公司越有可能进行审计意见购买,并且这种现象在发生审计变更或存在超额审计费用的公司中更为明显。仲怀公、马圆明（2019）研究表明，高管能力与审计收费显著负相关；企业债务违约风险与审计收费显著正相关；企业债务违约风险能够显著削弱高管能力对审计收费的影响作用。周彬、周彩（2019）研究发现，地方政府对土地财政的依存度增加会提高企业的过度负债概率，土地财政依存度的增加会提高企业的短期偿债风险与未来偿债压力，同时降低过度负债企业的盈利与持续发展能力。

综上所述，现有文献在单一周期、融资结构等方面做了相应研究，对于复杂环境的研究很少，现实复杂环境下债务资源错配严重，债务违约现象凸显，本书以多周期叠加为切入点认识复杂环境。多周期叠加存在强化效应，优化企业债务资源配置将利于债务风险防控以及价值创造。本书为政府和企业主体认识在复杂环境下多周期叠加的债务资源错配及防控债务风险提供思路和政策建议，符合国家重要文件和会议精神，具有重要的理论与现实意义。

2.2　相关理论阐述

2.2.1　战略管理理论

1965 年，美国著名学者安索夫（Ansoff）将"战略"一词从军事领域拓展至经济管理领域，在其著作《企业战略》一书中开始使用"战略管理"一词，将战略定义为一个主体围绕其目标和使命，制定一系列的计划和方案，包括具体的方案和最终可行性的实施方案。

战略管理理论的发展大体可以总结为行业资源学派和内部资源学派。随着产业组织理论的发展，产业经济学中的有关理论和分析方法更多地被应用到了战略管理研究。

行业资源学派主要是从行业所处的发展阶段、发展机会、行业结构等方面进行阐述,依据行业的不同发展阶段制定适合公司的发展战略。另外,行业结构决定了行业内的发展优势和劣势,决定了企业的发展战略及其行为,从而最终影响到公司绩效(Porter,1980)。

内部资源学派主要是从公司内部的特有资源来制定适合公司发展的计划,从而实现公司的大力发展。温那佛特(Wernerfelt,1984)表明公司内部资源的运用比外部资源的运用更具有优势,更能发挥主导型作用,内部组织管理能力、知识的积累等是公司保持竞争力的关键。巴尼(Barney,1991)表明公司资源包括公司所控制的、能用于制定和实施战略的所有财物、综合能力、企业特质、组织结构、知识等。安米特和斯哥美克(Amit和Schoemaker,1993)表明公司资源是被公司所拥有或控制的有形资产和无形的资产,是能够为公司的发展提供服务的那些资源。巴尼(Barney,1991;1995)表明公司资源应该具有以下特征:①公司资源是有价值的,能够缓解外部环境的变化带来的风险;②公司资源是公司具有一定特质的资源,具有稀缺性;③公司资源应该是不可完全被仿造的,具有不可复制性;④公司资源不能被其他的资源所替代。

内部资源的有效开发和运用能够给企业带来更好的发展,与内部有效管理充分结合,能够更快地促进目标的实现,使得组织运作更加有效。

企业战略管理要与融资战略、融资需求结合起来,充分、有效地利用一系列的方式串联顶层设计及落实,从战略层面防控融资债务风险。企业从统筹管理与协调机制入手,结合战略管理风险防控,加强前期战略思考,科学谋划企业债务融资,提前预案与风险导向。企业得战略管理与债务融资结合,充分认识债务的优缺点,发挥债务融资优势,剖析债务融资的必要性、可行性、风险性,统筹优化债务事项。

2.2.2　精细化管理理论

企业注重战略管理理论的同时,需要加强债务管理中的精细化管理运用。精细化管理理论的要点如下:事前优化债务结构,防控债务风险;事中动态调整债务结构,防控债务风险;事后化解债务风险,防止债务风险转移。企业主体运用债务精细化管理,有利于防控债务风险及价值创造。

第一,事前优化债务结构,防控债务风险。企业要在事前充分论证债务偿债情况,不同债务期限如中短期与长期债务情况,依据企业发展规划及目标引领,统筹安排企业各个阶段的资金需求,统筹规划资金目标、安全目标、资金使用去向及投资相关问题,对其进行充分论证;综合考虑资金用途及资金量,充分进行偿债能力测试。事前环节的债务精细化管理非常重要,企业在事前环节做好充分准备并统筹做好债务事项,能够起到事前预防风险的作用。

第二,事中动态调整债务结构,防控债务风险。依据外部宏观经济以及行业发展趋势,企业动态分析面临的各种债务风险,适时分析债务结构、债务期限、债务优先级情况,充分利用现有资源并充分调整债务存量,防止债务增量,严控新增债务量。

第三,事后化解债务风险,防止债务风险转移。债务风险具有一定不确定性,外界宏观环境可能影响企业发展,导致债务压力、现金流短缺、收益下降,直接影响企业经营。企业要在事后动态管控和优化债务存量和增量,防控风险,防止债务风险蔓延扩大。

第 3 章 经济周期与企业生命周期 联动对债务结构的影响

3.1 引言

周期联动一般表示周期间的关系具有紧密性,周期间的联动效应较大,它们在宏观与微观上结合形成的联动,往往会对其他事物产生一定的效应。经济周期与企业生命周期联动对债务结构存在影响,目前关于经济周期与企业生命周期联动性问题的讨论很少,经济周期与企业生命周期联动对债务结构的影响与现实环境下企业的发展有着重要联系。我们不能将经济周期和企业生命周期单独视为两个不同的个体,而是要将它们看成一个相互影响、相互依存的整体。研究经济周期与企业生命周期联动对债务结构的影响是将经济周期与企业生命周期结合起来,用较强和较弱这两个指标来表达经济周期与企业生命周期的联动效果。本书实证分析异质周期联动差异下负债结构的差异,同时用案例探讨经济周期与企业生命周期联动下负债结构情况。通过研究企业生命周期与经济周期的联动机制,企业可以更好地改善经营决策,优化企业负债结构,对企业发展具有重要意义。

3.2 经济周期与企业生命周期的联动与实证分析

经济周期是指经济的波动循环。它呈现出一定规律,经济周期的循环分为四个阶段:繁荣期、衰退期、萧条期、复苏期。经济周期有长有短,短的经济周期甚至只有一年,然而长的经济周期可以有几十年。实际上,我们可将经济周期简单地看成两个部分,即上升时期和下降时期。上升时期表明经济活跃,经济往好的态势方向发展,经济在扩张;相反,下降时期表明经济较低迷。因此,如何把握好经济周期,对企业发展具有重要作用。企业生命周期是指企业发展与成长的动态轨迹,包括企业初创、成长、成熟和衰退几个阶段,目前对企业生命周期的划分并没有统一的标准。经济周期和企业生命周期联动效应较大,它们在宏观与微观上结合形成联动效应。

3.2.1 样本来源

本书选取上海和深圳 A 股市场的上市公司财务等数据作为样本数据,未包含连续性少于三年的企业,这样的企业成立时间太短;剔除了缺漏值较多、年度数据不全的上市公司。数据主要来自 CSMAR 数据库,我们选取 1990—2014 年的 2 736 家上市公司,使用 Stata 进行数据处理。

3.2.2 经济周期与企业周期联动

本书采用 GDP 数值作为研究经济周期的指标。我国 1990—2014 年 GDP 年份与托宾 q 值的关系如图 3-1 所示,24 年中,经济周期有一个高峰值是 2007 年,在 2007 年以后经济稍微平缓。2002—2007 年,我国国内生产总值快速增长,处于经济繁荣期,而 2008 年经济危机爆发后,经济进入低迷期。托宾 q 值是指一项资产市场价值与其重置价值之比。我们选用托宾 q 值来描述企业生命周期情况,托宾 q 值越大,表明企业成长性越好。经济周期与企业生命周期的联动可以转化为 GDP 年份与企业托宾 q 值的联动关系。当 GDP 处于一个繁荣年份,企业托宾 q 值大,可以表述为经济周期与企业生命周期联动性强。当 GDP 处于一个低迷年份,企业托宾 q 值小,可以表述为经济周期与企业生命周期联动性强。当 GDP 处于一个繁荣年份,但企业托宾 q 值小,可以表述为企业对经济环境不敏感,经济周期与企业生命周期联动性较弱。当 GDP 处于一个低迷年份,但企业托宾 q 值大,二者联动性弱,经济周期与企业生命周期联动性较差。以下通过数据分析,阐述经济周期与企业生命周期联动下的负债结构差异。

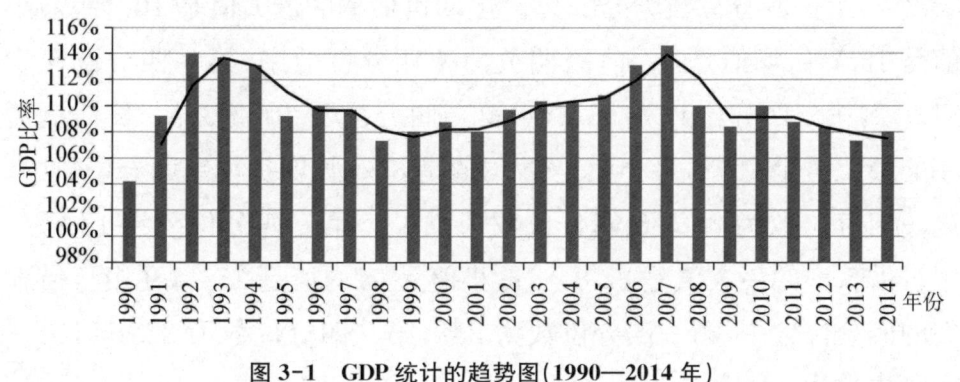

图 3-1　GDP 统计的趋势图(1990—2014 年)

3.2.3　经济周期与企业生命周期联动的数据分析

首先分析在经济周期处于繁荣的 2007 年,选取 400 家托宾 q 值大的企业做统计分析,再选取 400 家托宾 q 值小的企业做统计分析。

3.2.3.1　2007 年企业托宾 q 值较高情况下的负债结构

表 3-1　　2007 年托宾 q 值较高情况下的负债结构描述性统计

Variable	Mean	SD	Min	p25	p50	p75	Max
资产负债率	49%	69%	0.9%	27.1%	38.2%	53.6%	977%

（续表）

Variable	Mean	SD	Min	p25	p50	p75	Max
短期负债率	89%	14.8%	15.5%	81.9%	95.4%	99.6%	100%
长期负债率	8%	13.1%	0	0	0.9%	11.6%	73%
银行借款率	25%	22.1%	0	3%	22.8%	42.8%	82.8%

对企业资产负债率、短期负债率、长期负债率及银行借款率进行统计分析。2007年经济形势较好,企业托宾 q 值大说明企业对经济环境反应迅速敏感,因此经济周期与企业生命周期联动性强。从表 3-1 中看出,资产负债率最大值为 977%,最小值为 0,均值为 49%,在资产负债率四分位数中,第一四分位数为 27.1%,第二四分位数为 38.2%,第三四分位数为 53.6%。短期负债率的最大值是 100%,最小值是 15.5%,均值是 89%,短期负债率四分位数中,第一四分位数为 81.9%,第二四分位数为 95.4%,第三四分位数为 99.6%。长期负债率的最大值是 73%,最小值是 0,均值是 8%,长期负债率四分位数中,第一四分位数为 0,第二四分位数为 0.9%,第三四分位数为 11.6%。银行借款率的最大值是 82.8%,最小值是 0,均值是 25%,在银行借款率的四分位数中,第一四分位数为 3%,第二四分位数为 22.8%,第三四分位数为 42.8%。

3.2.3.2 2007 年企业托宾 q 值较低情况下的负债结构

表 3-2　　　　　2007 年托宾 q 值较低情况下的负债结构描述性统计

Variable	Mean	SD	Min	p25	p50	p75	Max
资产负债率	64%	18%	13%	54%	64%	72%	168%
短期负债率	81.4%	18.8%	7.6%	72%	88%	97%	100%
长期负债率	15.5%	18%	0	1.3%	8%	23.2%	92.4%
银行借款率	30%	20%	0	15.5%	28.6%	46%	85.4%

2007 年是经济较好繁荣的年份,企业托宾 q 值小说明企业对经济环境反应敏感性较弱,经济周期与企业生命周期联动性弱。从

表 3-2 中看出，在形势好的经济周期与企业成长性较差情况下，数据中 400 家企业的资产负债率的最大值为 168％，最小值为 13％，均值为 64％，在资产负债率的四分位数中，第一四分位数 54％，第二四分位数为 64％，第三四分位数为 72％。短期负债率的最大值为 100％，最小值为 7.6％，均值为 81.4％，在短期负债率四分位数中，第一四分位数为 72％，第二四分位数为 88％，第三四分位数为 97％。长期负债率的最大值为92.4％，最小值为 0，均值为 15.5％，在长期负债四分位数中，第一四分位数为 1.3％，第二四分位数为 8％，第三四分位数为 23.2％。银行借款率的最大值为 85.4％，最小值为 0，均值为 30％，在四分位数中，第一四分位数为 15.5％，第二四分位数为 28.6％，第三四分位数为 46％。

3.2.4 2007 年经济周期与企业生命周期联动性分析

表 3-3　　　2007 年经济周期与企业生命周期联动性分析

资产负债率	样本量	Max	Min	Mean	p25	p50	p75
2007 年联动较强	400	976％	0	49％	27％	38％	53％
2007 年联动较弱	400	167％	13％	64％	54％	64％	72％
短期负债率	样本量	Max	Min	Mean	p25	p50	p75
2007 年联动较强	400	100％	15％	88％	81％	95％	99％
2007 年联动较弱	400	100％	7％	81％	72％	87％	97％
长期负债率	样本量	Max	Min	Mean	p25	p50	p75
2007 年联动较强	400	79％	0	8％	0	0	12％
2007 年联动较弱	400	92％	0	18％	1％	8％	23％
银行借款率	样本量	Max	Min	Mean	p25	p50	p75
2007 年联动较强	400	83％	0	25％	29％	23％	43％
2007 年联动较弱	400	85％	0	30％	15％	29％	46％

资产负债率是期末负债总额除以资产总额的百分比,也就是负债总额与资产总额的比例关系。从表 3-3 中看出,在 2007 年经济周期繁荣和企业托宾 q 值大,即在经济周期与企业生命周期联动性强的情况下,企业资产负债率均值低于 2007 年联动较弱的企业资产负债率值。它表明经济周期与企业生命周期联动性强,企业托宾 q 值高,这类企业资产负债率较低。从资产负债结构看,当负债越来越少,资产越来越多时,企业资产负债率会变小,说明企业资金流转状况较好,营运状况较好,盈利能力强,有较合理资产负债的结构。而经济周期与企业生命周期联动性弱,企业托宾 q 值小,这类企业资产负债率较高,说明在经济较好环境下,对经济环境不敏感。研究表明经济周期与企业生命周期联动性强弱对资产负债率有一定影响。

短期负债是指期限在 1 年以下或者超过 1 年但少于一个营业周期的债务。短期负债是企业为筹措资金而取得,其特性为支付短期的资金需求。从表 3-3 中看出,在 2007 年经济周期处于繁荣阶段和企业托宾 q 值大,即经济周期与企业生命周期联动性强的情况下,所选取的 400 家企业的短期负债率均值高于 2007 年联动性较弱的 400 家企业的短期负债率值。经济周期与企业生命周期联动性强,企业托宾 q 值高,这类企业短期负债率高,对市场环境反应速度快,企业资产的变现能力强,短期偿债能力亦强。而经济周期与企业生命周期联动性弱,企业托宾 q 值小,这类企业短期负债率低,经济周期与企业生命周期联动强弱对短期负债率有一定影响。

长期负债是指借款期限时间在 1 年以上的借款,是一项非流动负债。长期借款具有还款期限长、金额大等特点。从表 3-3 中看出,在 2007 年经济周期处于繁荣阶段,企业托宾 q 值大,即经济周期与企业生命周期联动性强的情况下,所选取的 400 家长期负债率均值低于 2007 年联动性较弱的企业长期负债率值。联动性较强,托宾 q 值较高的企业对市场环境反应迅速,可能更趋向期限短、利率低的短期负债,所以长期负债率相对更低。而在联动性较差的情况下,托宾 q 值低的企业对市场反应缓慢,更趋向传统的长期负债,所以长期负债率相对更高,经济周期与企业生命周期的联动强弱对长期负债率有一定影响。

　　银行借款是指企业在生产经营中,为了生产需要,向银行或者金融机构借入的需要按时还本付息的款项,包括短期借款和长期借款。从表 3-3 中看出,在 2007 年经济周期处于繁荣阶段,企业托宾 q 值大,即经济周期与企业生命周期联动性强的情况下,所选取 400 家企业的银行借款率均值低于 2007 年联动性较弱的企业长期负债率值。银行借款作为一种较传统的融资模式,较少在经营活力好的企业债务中占过多比重,经济周期与企业生命周期联动性强,企业托宾 q 值高,这类企业在经济环境中反应敏感,成长性更好,更易选取其他融资方式,而经济周期与企业生命周期联动性弱,企业托宾 q 值小,这类企业更易选取传统的融资方式。

3.2.5　负债结构进一步分析

表 3-4　　　　　2014 年企业负债结构统计表

负债结构	Max	Min	Mean	p25	p50	p75
资产负债率	4615%	0	47%	27%	44%	62%
短期负债率	100%	0	80%	71%	87%	96%
长期负债率	87%	0	13%	0	4%	20%
银行借款率	136%	0	29%	5%	28%	46%

　　对企业负债结构进行进一步分析。从表 3-4 可知,2014 年资产负债率均值稍微低于 2007 年经济周期与企业生命周期联动性强的均值,但从四分位数来看,2014 年的四分位数在 27%~62%,高于 2007

年联动性强的四分位数区间,说明在经济环境持续低迷的 2014 年,企业普遍受到环境影响,大部分企业的资产负债率值偏高。从短期负债率看,2014 年经济环境低迷下的短期负债率,四分位数在 71%～96%,低于 2007 年经济周期与企业生命周期联动性强的四分位数短期负债率数值。从长期负债率看,在 2014 年经济环境低迷下的长期负债率,四分位数在 0～20%,高于 2007 年经济环境好与企业生命周期联动性的强长期负债率值,表明在经济周期较低迷的 2014 年,企业为了更好缓解资金流,避免短期偿债压力,趋向利息偏高的长期借款融资。从银行借款数据来看,2014 年经济环境低迷的短期借款率,四分位数在 5%～46%,高于 2007 年经济环境较好与企业联动性强的银行借款率数值,表明在经济环境较低迷的 2014 年,创新融资方式风险较大,企业融资更趋向银行借款融资模式。

3.3 案例研究

前文用数据描述周期联动性强弱对企业负债结构的影响,本部分重点进行案例分析,着重分析具有代表意义的 2007 年联动性强对企业负债结构的影响,从 CSMAR 数据库中选取托宾 q 值较高的某公司作为研究经济周期与企业生命周期联动对负债结构影响的案例。从表 3-5 看出,将某公司 2007 年的负债结构与 2007 年联动性强情况下的中位数进行对比,某公司的负债结构大致与预期一致。在经济形势好,企业发展较好的 2007 年,其负债结构的短期负债率较高,说明该公司对市场反应敏感,更趋向期限较短、利息率较低的短期负债。因此,在经济周期处于繁荣阶段的 2007 年,周期联动性对企业托宾 q 值较高公司的负债结构具有影响。

表 3-5　　　　案例负债结构与联动性强相关数据分析对比表

项目	资产负债率	短期负债率	长期负债率	银行借款率
某企业负债结构	62%	100%	0	11%
2007 年联动性强中位数	38%	95%	0	22%

3.4　本章小结

　　研究经济周期与企业生命周期联动具有意义,经济周期和企业生命周期联动效应较大,而它们在宏观与微观上结合形成联动。本章实证分析异质周期联动差异下负债结构差异,同时用案例探讨经济周期与企业生命周期联动下负债结构情况,研究表明经济周期与企业生命周期联动性强弱差异下企业资产负债率、短期负债率、长期负债率及银行借款率等存在差异。在复杂环境下,需要深入认识周期联动问题,认识事物发展的客观规律,再分析研判优化企业债务结构进而防控债务风险。

第4章 经济周期与企业生命周期联动对债务代理成本的影响

4.1 引言

关于经济周期与企业生命周期联动研究具有重要性,研究经济周期与企业生命周期的联动对债务代理成本影响的文献很少,基于其研究重要性,本章研究内容如下:①经济周期与企业生命周期联动性和关系;②分析经济周期与企业生命周期联动对债务代理成本的影响;③解释经济周期与企业生命周期联动对债务代理的影响。相关数据主要来源于 CSMAR 数据库,主要采用实证研究方法。

4.2 经济周期与企业生命周期联动的数据分析

4.2.1 数据选择

(1) 有关经济周期数据的选择:以我国 A 股上市公司数据作为观测样本;选取 GDP 增长率作为划分经济周期的主要依据。GDP(国内生产总值)是衡量一个国家和地区经济状况的重要指标,经济周期大致划分为复苏期、繁荣期和衰退期。

（2）有关企业生命周期数据选择：托宾 q 值是指资本的市场价格与其重置成本之比。托宾 q 值是经常被用来衡量企业业绩或成长性的重要指标，选择此指标来划分企业生命周期。本章研究经济周期与企业生命周期联动对债务代理成本的影响。经济周期划分主要以 2007 年为基础，2007 年以前经济在扩张，2007 年以后经济在收缩。本章选用 2007 年和 2014 年数据库里面公司的托宾 q 值并排序，2007 年和 2014 年分别选出 1 575 个和 2 551 个数据观测值。

4.2.2　数据统计及分析

（1）经济周期的数据统计。以我国 GDP 增长率为划分经济周期的依据进行分析，GDP 增长率曲线如图 4-1 所示。

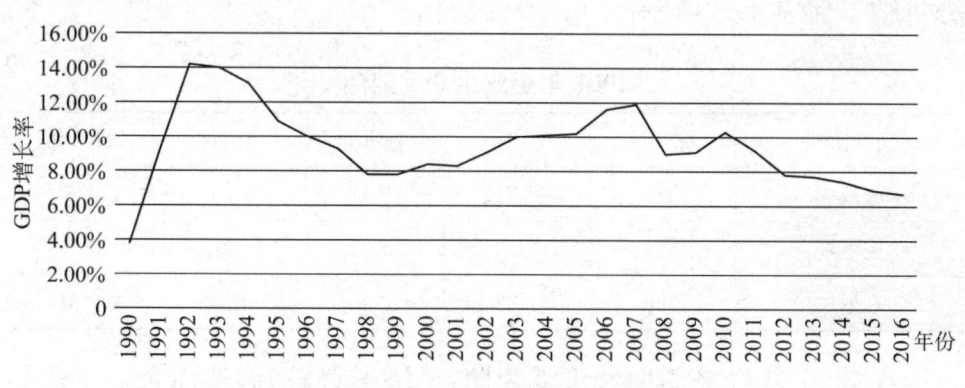

图 4-1　GDP 增长率曲线

从图 4-1 所知，1990 年到 1992 年，经济处于扩张时期，1992 年到 1999 年，经济处于收缩阶段，1999 年到 2007 年经济又一次扩张，只是扩张的程度不如 1990 年到 1992 年那么大，2007 年到 2016 年经济再次收缩。从表 4-1 可知，1990 年到 2016 年这 27 年 GDP 的平均值为 9.4%，最小值是 1990 年的 3.8%，最大值为 1992 年的 14.2%，标准差为 2.29。这 27 年明显有两个经济周期存在，其中两个繁荣时期分别是 1992 年和 2007 年。

表 4-1   1990—2016 年 GDP 增长率统计表

变量	年数	平均值	标准差	最小值	最大值
GDP 增长率	27	9.4%	2.29	3.8%	14.2%

（2）企业生命周期的数据统计。托宾 q 值是体现企业成长性主要指标之一，也即企业成长性越好，托宾 q 值就越大。选取 2007 年经济形势最好时期所有公司的托宾 q 值，最终选出观测值 1 575 个并排序，其中前面最大的 525 个数据为成长最好的企业，托宾 q 值平均值为 5.84；后面最小的 525 个数据为成长性较弱的企业，托宾 q 值的平均值为 1.22，所以企业的成长性也较弱；中间的 525 个数据，托宾 q 值的平均值为 2.42，其企业成长性一般，用 Stata 软件进行统计分析，其分析结果如表 4-2 所示。

表 4-2   2007 年企业生命周期值

周期阶段	统计量	平均值	标准差	最小值	最大值
成长期	525	5.84	3.81	3.20	47.85
成熟期	525	2.42	1.39	1.82	3.20
衰退期	525	1.22	0.40	0.13	1.81

在 2007 年经济周期处于繁荣期，经济形势较好，然而企业生命周期正处于成熟期和衰退期的企业的托宾 q 值的标准差的值分别是 1.39 和 0.40，说明处于成熟期和衰退期的企业间成长性区别不是很大；然而处于成长期企业的托宾 q 值的标准差值为 3.81，说明处于成长期企业间的成长性差异较大。将 2014 年的统计数据与 2007 年进行比较，2007 年的经济周期处于繁荣时期，其 GDP 值为 11.9%，然而 2014 年经济周期处于衰退时期，GDP 值为 7.4%。2007 年的托宾 q 值每个时期的平均值分别为 5.84、2.42、1.22，然而 2014 年的托宾 q 值

的平均值每个时期的分别为 4.70、1.72、0.71，即在经济形势好的时期企业成长性好于经济形势较差时期。

4.3 经济周期与企业生命周期联动对债务代理成本的效应分析

4.3.1 样本选择

本节的研究样本是 1990 年到 2014 年我国上市公司数据，对 25 年间32 061个数据样本进行统计核算。在进行数据选择之前对数据进行筛选，选取相关变量均存在的样本。对数据进行了缩尾处理，处理后的变量命名为"$w\_$"，数据主要来源于 CSMAR 数据库。

4.3.2 变量选择

（1）被解释变量选择。本章选取投资风险性（w_ssales）和现金流的变异系数（w_scfo1）作为被解释变量，衡量企业的债务代理成本，通过两个变量研究，体现经济周期与企业生命周期的联动对债务代理成本的影响。

（2）解释变量选择。经济周期与企业生命周期联动性，主要通过用托宾 q 值划分的企业生命周期的成长期、成熟期和衰退期。从前述分析可知，2007 年经济形势更好，企业成长性高时联动性更好，选择成长期和其他两个时期的值作为虚拟变量，成长期联动性（tqm）好，取 1；成熟期和衰退期的联动性较差，取 0，分析 2007 年和 2014 年的周期联动对债务代理成本的影响。

（3）控制变量选择。为了减少相关因素对债务代理成本的影响，本章结合相关研究选择净资产收益率（w_roe）、资产负债率（w_lev）、员工人数对数（w_lnyg）、市场化指数（$totalindex$）、独董人数除以董事人数

（w_ddbl）、固定资产净额加存货的和与总资产的比值（$w\_assetstock$）、
行业特征变量（$x1$）、国有和非国有企业（$state2$）为控制变量。

4.3.3 描述性统计分析

为研究经济周期与企业生命周期联动对债务代理成本的影响，分
别选取 2007 年经济形势好时和 2014 年经济形势不好时进行对比，利
用 Stata 软件和 Excel 进行统计分析，2007 年和 2014 年分析结果分别
如表 4-3 和表 4-4 所示。从表中得知，选择的两个被解释变量投资风
险性和现金流量变异系数 2007 年平均值分别是 0.25 和 0.26，2014 年
平均值分别是 0.20 和 0.22，显然 2007 年两个数据的平均值都大于
2014 年的值，总体来看，经济形势好时企业成长性好，联动性好，但企
业债务代理成本也高。

表 4-3　　　　　　　　2007 年相关变量描述性统计表

Variable	Obs	Mean	Std.Dev.	Min	Max
tqm	1 570	0.37	0.47	0	1
w_ssales	1 570	0.25	0.23	0.015	1.27
w_scfo1	1 570	0.26	0.22	0.015	1.27
w_roe	1 570	0.09	0.27	-1.37	1.45
w_lev	1 570	0.57	0.40	0.08	3.51
$totalindex$	1 570	8.89	2.06	4.25	11.71
w_lngy	1 570	7.35	1.46	3.04	10.84
w_ddbl	1 570	0.36	0.04	0.27	0.55
$w\_assetstock$	1 570	0.45	0.18	0.02	0.85
$x1$	1 570	1.20	0.66	0	2
$state2$	1 570	0.54	0.50	0	1

表 4-4   **2014 年相关变量描述性统计表**

Variable	Obs	Mean	Std.Dev.	Min	Max
tqm	2 653	0.38	0.49	0	1
w_ssales	2 653	0.20	0.20	0.015	1.27
w_scfo1	2 653	0.22	0.20	0.015	1.27
w_roe	2 653	0.06	0.13	-0.83	0.35
w_lev	2 653	0.45	0.22	0.05	0.95
$totalindex$	2 653	9.21	2.03	0.38	11.8
w_lngy	2 653	7.60	1.32	4.07	11.29
w_ddbl	2 653	0.37	0.05	0.30	0.57
$w\_assetstock$	2 653	0.38	0.19	0	0.83
$x1$	2 653	1.21	0.65	0	2
$state2$	2 653	0.35	0.48	0	1

表 4-5   **2007 年周期联动性($tqm=1$)情况下统计表**

Variable	Obs	Mean	Std.Dev.	Min	Max
$w\text{-}ssales$	513	0.31	0.28	0.01	1.26
$w\text{-}scfol$	513	0.31	0.27	0.01	1.26
$state2$	513	0.46	0.49	0	1
$w\text{-}roe$	513	0.11	0.34	-1.37	1.48
$w\text{-}lev$	513	0.56	0.6	0.08	3.51
$totalindex$	513	8.78	2.05	4.25	11.71
$w\text{-}lnyg$	513	6.88	1.54	3.04	10.84
$w\text{-}ddbl$	513	0.36	0.04	0.27	0.55
$w\text{-}assetstock$	613	0.41	0.19	0.027	0.85
$x1$	613	1.3	0.64	0	2

表4-6　　　　　2007年周期联动性($tqm=0$)情况下统计表

Variable	Obs	Mean	Std.Dev.	Min	Max
w-ssales	922	0.21	0.17	0.01	1.26
w-scfol	922	0.21	0.17	0.01	1.26
state2	922	0.59	0.49	0	1
w-roe	922	0.08	0.02	−1.37	1.48
w-lev	922	0.56	0.02	0.08	3.51
totalindex	922	8.93	2.06	4.25	11.71
w-lnyg	922	7.62	1.33	3.46	10.84
w-ddbl	922	0.35	0.04	0.27	0.55
w-assetstock	922	0.47	0.17	0.02	0.85
x1	922	1.14	0.66	0	2

　　表4-5和表4-6是2007年经济周期与企业生命周期联动性好($tqm=1$)和联动性差($tqm=0$)时的统计结果,投资风险性系数和现金流变异系数的平均值,在经济周期与企业生命周期联动性好时两个值分别为0.31和0.31,然而在经济周期与企业生命周期联动性差时两个值的平均值分别为0.21和0.21,显然,在经济周期与企业生命周期联动性好时,投资风险性更高,资产替代现象更严重,债务代理成本更高,即联动性越好企业债务代理成本越高,联动性越差债务代理成本越低。表4-7和表4-8得到的结果类似。

表4-7　　　　　2014年周期联动性($tqm=1$)情况下统计表

Variable	Obs	Mean	Std.Dev.	Min	Max
w-ssales	904	0.23	0.22	0.01	1.26
w-scfol	905	0.25	0.23	0.01	1.26
state2	980	0.19	0.39	0	1
w-roe	1 020	0.07	0.14	−0.83	0.35

（续表）

Variable	Obs	Mean	Std.Dev.	Min	Max
$w\text{-}lev$	1 020	0.33	0.2	0.05	0.95
$totalindex$	1 015	9.33	2.04	0.38	11.8
$w\text{-}lnyg$	1 006	6.94	1.09	4.07	11.12
$w\text{-}ddbl$	1 006	0.38	0.05	0.3	0.57
$w\text{-}assetstock$	1 039	0.32	0.17	0	0.83
$x1$	903	1.36	0.62	0	2

表 4-8　　2014 年周期联动性 $(tqm=0)$ 情况下统计表

Variable	Obs	Mean	Std.Dev.	Min	Max
$w\text{-}ssales$	1 627	0.18	0.18	0.01	1.26
$w\text{-}scfol$	1 627	0.19	0.18	0.01	1.26
$state2$	1 560	0.46	0.49	0	1
$w\text{-}roe$	1 633	0.04	0.13	-0.38	0.35
$w\text{-}lev$	1 633	0.52	0.2	0.05	0.95
$totalindex$	1 617	9.13	2.02	0.38	11.8
$w\text{-}lnyg$	1 609	8.01	1.29	4.07	11.29
$w\text{-}ddbl$	1 610	0.36	0.05	0.3	0.57
$w\text{-}assetstock$	1 697	0.42	0.019	0	0.83
$x1$	1 628	1.13	0.64	0	2

4.4　回归分析

$$w\_ssales = \alpha_1 tqm + \alpha_2 state2 + \alpha_3 roe + \alpha_4 lev + \alpha_5 totalindex +$$
$$\alpha_6 lnyg + \alpha_7 ddbl + \alpha_8 assetetock + \alpha_9 x1 + \varepsilon$$

$$w\_scfo1 = \alpha_1 tqm + \alpha_2 state2 + \alpha_3 roe + \alpha_4 lev + \alpha_5 totalindex +$$

$$\alpha_6 lnyg + \alpha_7 ddbl + \alpha_8 assetetock + \alpha_9 x1 + \varepsilon$$

其中 ε 为随机扰动项，α 为各变量的回归系数。

表 4-9   混合回归分析结果

变量	w_ssales (2007)	w_scfo1 (2007)	w_ssales (2014)	w_scfo1 (2014)
tqm	0.0606***	0.0512***	0.0283***	0.0351***
	(4.65)	(4.09)	(2.95)	(3.59)
$state2$	−0.0135	−0.00410	−0.0314***	−0.0191**
	(−1.19)	(−0.37)	(−3.61)	(−2.08)
w_roe	0.00132	0.00840	0.0632	0.0352
	(0.04)	(0.26)	(1.36)	(0.80)
w_lev	0.166***	0.166***	0.227***	0.236***
	(6.53)	(6.48)	(8.66)	(8.92)
$totalindex$	−0.00597**	−0.00696**	−0.00981***	−0.00964***
	(−2.08)	(−2.39)	(−4.65)	(−4.54)
w_lnyg	−0.0240***	−0.0266***	−0.0328***	−0.0340***
	(−4.60)	(−5.13)	(−7.83)	(−8.14)
w_ddbl	0.0644	0.0253	−0.124*	−0.108
	(0.49)	(0.19)	(−1.77)	(−1.59)
$w\_assetstock$	−0.0184	−0.0394	−0.0784***	−0.0881***
	(−0.50)	(−1.08)	(−2.99)	(−3.39)
$x1$	0.0294***	0.0279***	0.0380***	0.0375***
	(3.61)	(3.62)	(6.26)	(6.04)
$\_cons$	0.315***	0.371***	0.470***	0.480***
	(4.43)	(5.00)	(9.95)	(9.72)
N	1 264	1 264	2 302	2 302
F	13.22	12.08	19.04	19.26
$r2\_a$	0.173	0.176	0.114	0.115

注：*** 表示 1% 的显著性水平，** 表示 5% 的显著性水平，* 表示 10% 的显著性水平。

根据上述模型，本章对 2007 年和 2014 年数据使用 Stata 软件进行回归分析,分析结果如表 4-9 所示,可以看出联动性变量(tqm)与投资风险性系数、现金流变异系数分别成正相关,回归系数分别为 0.0606 和 0.0512,并且都是 1‰ 的显著性。与前述描述性分析的结果具有一致性。对 2007 年和 2014 年作比较分析,在 2014 年的时候虽然也是正相关,但 2014 年的回归系数分别是 0.0283 和 0.0351,都比 2007 年相应的回归系数小。当经济形势好时,经济周期与企业生命周期的联动性好,企业债务代理成本越高,联动性越差时债务代理成本越低。

4.5 进一步分析

本书基于国有企业与非国有企业差异分析经济周期与企业生命周期的联动对债务代理成本影响。表 4-10 是 2007 年国有企业(其值为 1)与非国有企业(其值为 0)的回归分析结果。

表 4-10　　　　2007 年国有企业与非国有企业分析结果

变量	国有企业组	国有企业组	非国有企业组	非国有企业组
	w_ssales	w_scfo1	w_ssales	w_scfo1
tqm	0.0598***	0.0512***	0.0543**	0.0481**
	(3.52)	(3.04)	(2.48)	(2.36)
roe	−0.00275	−0.00268	−0.00619	−0.00300
	(−0.92)	(−0.91)	(−0.76)	(−0.50)
lev	0.130***	0.145***	0.00725**	0.00803**
	(2.59)	(3.21)	(2.02)	(1.99)
$totalindex$	−0.0104***	−0.0127***	0.000807	0.00123
	(−2.93)	(−3.30)	(0.16)	(0.25)
$lnyg$	−0.00908	−0.0168***	−0.0515***	−0.0479***
	(−1.54)	(−2.85)	(−5.55)	(−5.07)

（续表）

变量	国有企业组	国有企业组	非国有企业组	非国有企业组
	w_ssales	w_scfo1	w_ssales	w_scfo1
$ddbl$	−0.232	−0.212	0.262	0.184
	(−1.30)	(−1.09)	(1.13)	(0.81)
$assetstock$	−0.0423	−0.0572	0.0585	0.0275
	(−0.98)	(−1.25)	(0.86)	(0.42)
$x1$	0.0374***	0.0287***	0.0232*	0.0317***
	(3.50)	(2.61)	(1.75)	(2.69)
$\_cons$	0.353***	0.448***	0.444***	0.450***
	(3.70)	(4.24)	(3.52)	(3.57)
N	734	735	530	530
F	4.796	4.553	7.153	6.101
$r2\_a$	0.0731	0.0818	0.169	0.172

注：*** 表示 1% 的显著性水平，** 表示 5% 的显著性水平，* 表示 10% 的显著性水平。

由表 4-10 可知，在 2007 年经济形势较好情况下，不管是国有企业还是非国有企业，经济周期与企业生命周期的联动性对债务代理成本的影响都呈正相关，国有企业组中，联动性变量（tqm）与投资风险性系数、现金流变异系数分别呈正相关，回归系数分别为 0.0598 和 0.0512，并且都是 1% 的显著性。非国有企业中，回归系数分别为 0.0543 和 0.0481，都是 5% 的显著性。总体上，在产权性质差异分组下，差异不是很大，经济周期与企业生命周期的联动性对债务代理成本的影响呈正相关。

国有企业分为中央控股企业和地方控股企业。由表 4-11，可以看出地方国企组中的经济周期与企业生命周期联动性对债务代理成本影响更明显，在 1% 的显著性下呈正相关关系，而在央企组中并不显著。它在一定程度上表明，地方国企相对中央控股企业，经济周期与企业生命周期联动性下债务代理成本更高，投资风险性更大。

表 4-11　　　　　　　　　　央企与地方国企分析结果

变量	央企组	央企组	地方国企组	地方国企组
	w_ssales	*w_scfo*1	*w_ssales*	*w_scfo*1
tqm	0.0279	−0.00527	0.0623***	0.0520***
	(0.61)	(−0.10)	(3.44)	(2.97)
w_roe	0.0538	0.0880	0.0475	0.0482
	(0.49)	(0.73)	(1.01)	(0.99)
w_lev	0.196**	0.156	0.110**	0.138***
	(2.27)	(1.50)	(2.21)	(2.94)
totalindex	−0.00660	−0.00732	−0.0106***	−0.0141***
	(−0.52)	(−0.44)	(−2.87)	(−3.52)
w_lnyg	−0.00274	−0.0168	−0.0139**	−0.0190***
	(−0.20)	(−1.07)	(−2.00)	(−2.84)
w_ddbl	−0.434	−0.277	−0.186	−0.176
	(−1.15)	(−0.62)	(−1.10)	(−1.00)
w_assetstock	0.0867	−0.00343	−0.0468	−0.0682
	(0.67)	(−0.02)	(−1.03)	(−1.41)
*x*1	0.0737**	0.0656		0.0238**
	(2.55)	(1.62)		(2.08)
_cons	0.218	0.387	0.424***	0.470***
	(1.16)	(1.58)	(4.31)	(4.56)
N	82	82	655	655
F	3.369	1.257	3.580	3.479
r2_a	0.0643	0.0000549	0.0648	0.0875

注：*** 表示 1% 的显著性水平，** 表示 5% 的显著性水平，* 表示 10% 的显著性水平。

表 4-12 是对资产负债率在分组情况下的回归分析，将 2007 年样本数据进行分析，资产负债率高的组中，联动性变量（*tqm*）与投资风险性系数、现金流变异系数分别呈正相关，回归系数分别为 0.106 和 0.101，都是 1% 的显著性。在资产负债率低的组中，回归系数分别为

0.0530 和 0.0378,在 5％的水平上显著。经济周期与企业生命周期的联动性对债务代理成本的影响都呈正相关,但在资产负债率高的组中效应更大,它在一定程度表明,企业需要控制资产负债率,防止债务代理成本增加。

表 4-12　　　　　　　资产负债率高低差异下回归分析

变量	资产负债率高组	资产负债率高组	资产负债率低组	资产负债率低组
	w_ssales	w_scfo1	w_ssales	w_scfo1
tqm	0.106***	0.101***	0.0530***	0.0378**
	(4.49)	(4.53)	(3.22)	(2.37)
w_roe	−0.0110	0.00725	0.00750	−0.0254
	(−0.29)	(0.20)	(0.11)	(−0.42)
$totalindex$	−0.00817*	−0.00718	−0.00188	−0.00516
	(−1.82)	(−1.55)	(−0.52)	(−1.47)
w_lnyg	−0.0396***	−0.0405***	−0.0211**	−0.0226***
	(−5.42)	(−5.59)	(−2.55)	(−2.80)
w_ddbl	0.210	0.0931	0.118	0.109
	(0.88)	(0.39)	(0.77)	(0.70)
$w\_assetstock$	−0.0302	−0.0625	−0.0162	−0.0211
	(−0.48)	(−0.98)	(−0.33)	(−0.45)
$x1$	0.0459***	0.0521***	0.0198*	0.0110
	(3.43)	(4.19)	(1.87)	(1.08)
$\_cons$	0.494***	0.547***	0.305***	0.380***
	(4.40)	(4.63)	(3.46)	(4.24)
N	663	663	663	663
F	9.119	9.150	3.971	3.016
$r2\_a$	0.164	0.176	0.0496	0.0417

注:*** 表示 1％的显著性水平,** 表示 5％的显著性水平,* 表示 10％的显著性水平。

4.6　本章小结

　　关于经济周期与企业生命周期联动研究具有重要性，本章分析经济周期与企业生命周期联动性和关系；分析经济周期与企业生命周期联动对债务代理成本的影响；解释经济周期与企业生命周期的联动对债务代理的影响。本章主要研究发现：在经济周期与企业生命周期联动性好时，投资风险性更高，资产替代现象更严重，债务代理成本更高，即联动性越好企业债务代理成本越高，联动性越差债务代理成本越低。相对中央控股企业，经济周期与企业生命周期联动性下地方国企债务代理成本更高，投资风险性更大。在资产负债率较高的组中经济周期与企业生命周期的联动性对债务代理成本的影响更大，它在一定程度上表明，企业需要控制资产负债率，防止债务代理成本增加。

第 5 章 多周期叠加强化效应下企业债务结构配置差异

5.1 引言

复杂环境会引发企业债务风险进而加剧企业价值波动,周期叠加注重宏观与行业中观叠加效应对微观事物的影响。探寻周期叠加强化效应下债务结构差异具有重要性,有利于揭示多周期叠加与企业债务结构的变化规律,有利于揭示复杂周期性对微观企业行为效应。目前关于多周期叠加下企业债务结构方面的研究很少,第二章已评述相关文献,本章先进行理论分析与研究假设,再建立模型进行实证研究,通过数据分析复杂周期性对微观企业的效应,分析多周期叠加强化效应下企业债务结构差异。

5.2 理论分析与研究假设

本章理论分析如下:

(1)经济周期影响企业债务结构。①经济周期影响企业财务困境成本。在复杂市场环境下越来越多企业不仅关注企业内部环境影响,也更加重视外部市场对企业的影响。在经济周期不同阶段,宏观经济环境会对不同行业的企业经营活动、投资活动以及筹资活动产生影响。当经济处于下行状态,股权融资成本相对增加可能会导致财务困境成本增加,为缓解企业财务困境成本,企业债务结构可能会发生改变。②经济周期影响企业融资顺序选择。不同行业的企业融资顺序可能会有所差异。当经济周期处于衰退和萧条阶段时,为刺激经济,政府可能会采用宽松的货币政策,此时债务融资成本可能较低;反之,当经济周期处于繁荣和复苏阶段时,为防止产生过多经济泡沫,政府可能会采用紧缩的货币政策,此时债务融资成本可能较高。可见,不同经济周期阶段会影响企业债务融资成本,影响企业融资顺序,融资成本与债务结构联系密切,进而会影响企业的债务结构。③经济周期影响税收变化。经济周期不同阶段,会存在不同的税收政策,在经济周期的收缩期政府可能会通过降低税负来刺激经济,如企业所得税、增值税等税收政策随着经济环境的变化而调整,在债务的税盾作用下企业债务结构可能也会变化。

(2) 行业周期影响企业债务结构。①行业周期影响企业融资成本。不同行业周期下,企业的客户、债权人、股东对企业的预期是不同的。例如,处于行业周期的初创期时,企业的收入并不多,并且需要更多的资金投入;处于行业周期的成熟期时,企业的收入较多且稳定,并不需要较多的资金投入;而到了行业周期的衰退期,企业的收入逐渐下降,股东和债权人可能会考虑资金安全问题。企业对不同行业周期的预期是不同的,因此,相应的融资成本也有差异,进而会影响企业债务结构。②行业周期影响企业融资顺序的选择。行业周期也会影响企业融资顺序,因为处于行业周期不同阶段的企业会选择对自己有利的融资顺序。一般情况下,在行业周期的初创期,企业收入少、资金投入量大,如果企业采用大量的债务融资,可能出现收支不平衡,此时企业往往会更倾向于股权融资方式;而在行业周期的成熟期,企业相应的收入较多,资金投入量较少,在财务风险可控的范围内,企业更加倾向于债务融资。

一般而言,行业周期与经济周期并不会完全同步,行业周期可能先行于经济周期,也可能滞后于行业周期。翟乃森(2019)的研究表明,房地产市场波动的宏观经济效应存在明显的异质性。在研究经济周期和行业周期的叠加强化效应时,一般会出现三种情况:经济周期和行业周期叠加上升阶段、经济周期和行业周期叠加下降阶段以及经济周期和行业周期不同步阶段。具体将多周期叠加强化状况分为两组,多周期叠加上升和非多周期叠加上升;多周期叠加下降和非多周期叠加下降。进一步来讲,非多周期叠加上升阶段包括多周期叠加下降阶段和不同步阶段;而非多周期叠加下降阶段包括多周期叠加上升阶段和不同步阶段。当房地产行业的企业处于经济周期和行业周期叠加上升阶段时,资本市场相对更好,股权融资成本相对更低,企业业绩也更好,存在更多的内部资金,而债务融资具有硬约束,需要还本付息,债务融资成本相对更高,企业可能会适当降低企业的债务比例来减少企业的资本成本。因此,资产负债率相对更低。苏冬蔚、曾海舰(2009)的研究表明,宏观经济上行时,公司的资产负债率下降,而宏观经济衰退时,公司的资产负债率则上升。另外,房地产行业具有资产投资规模大、周期较长、行业利润呈现反复涨跌以及经营业绩波动等周期性特征。为了使经济保持一定的增长,房地产行业也需要保持健康发展,当房地产行业处于经济周期和行业周期叠加上升状态时,企业在此阶段可能有更好的前景和收益,短期还本付息的能力提升,房地产行业的企业更愿意融资利息更小的短期借款,故债务期限结构更短。

根据上述分析,提出研究假设。

假设 1:经济周期和行业周期的叠加强化效应处于上升阶段时,房地产行业的企业债务比例低于非叠加上升阶段时的债务比例。反之,经济周期和行业周期的叠加强化效应处于下降阶段时,房地产行业的企业债务比例高于非叠加下降阶段时的债务比例,会加剧债务水平上升。

假设2:经济周期和行业周期的叠加强化效应处于上升阶段时,房地产行业的企业债务期限结构低于非叠加上升阶段时的债务期限结构。反之,经济周期和行业周期的叠加强化效应处于下降阶段,房地产行业的企业债务期限结构高于非叠加下降阶段时的债务期限结构,会加剧债务期限延长。

5.3 实证分析

5.3.1 数据来源

本章的数据采用面板数据,限于数据来源,选取 2002—2015 年的行业景气指数和国内生产总值指数以及 A 股上市公司作为研究样本。本章对样本作如下筛选:①根据证监会 2012 版行业分类对样本进行分析,选择房地产行业的上市公司数据。②剔除 ST、非正常上市类企业及数据缺失的样本公司。③对样本数据进行前后 5% 的缩尾 winsorize 处理。④最终得到 147 家房地产行业的企业数据,共 1 366 个观察值,数据主要来源于 RESSET 金融数据库,用 Stata15 进行统计分析。

5.3.2 变量选择与模型构建

1. 变量选择

(1)债务结构。债务比例表示企业整体的债务水平,间接反映财务风险大小。债务期限结构表示企业的负债结构,分为流动负债和非流动负债。一般而言,流动负债的利息比非流动负债较低,但短期需要偿还本金的压力大;而非流动负债的债务利息虽然较高,短期偿还本金压力小,本章将债务比例和债务期限结构代表企业债务结构。

(2)经济周期。江龙、刘笑松(2011)采用 GDP 增长率等来衡量宏观经济周期波动。国内生产总值指数是能反映一定时期内国内生产总值的变化状态和程度的相对数,可作为经济周期环境的代理变量。

(3)行业周期。行业景气指数是能综合反映某一特定行业所处的状态或发展趋势的指标,本章的行业周期的度量主要是采用行业景气指数作为其代理变量。

主要变量定义如表 5-1 所示。

表 5-1 　　　　　　　　　　　　主要变量定义

变量类型	变量名称	变量符号	变量含义
被解释变量	债务比例	Lev	总负债/总资产
	债务期限结构	Dm	非流动负债/负债总计
解释变量	多周期叠加强化效应上升	$T1$	$T1=1$ 表示周期叠加上升阶段,$T1=0$ 表示其他阶段
	多周期叠加强化效应下降	$T2$	$T2=1$ 代表周期叠加下降阶段,$T2=0$ 表示其他阶段
控制变量	公司质量	$Quality$	公司的每股收益
	有形资产	$Tang$	固定资产/总资产
	经营水平	$Operate$	管理费用/营业收入
	成长性	$Growth$	本年营业收入增长额/上年营业收入总额

2. 模型构建

(1)为了检验假设 1,构建以下模型:

$$Lev = \beta + \alpha 1 T1 + \alpha 2 Quality + \alpha 3 Tang + \alpha 4 Operate +$$
$$\alpha 5 Growth + \varepsilon \tag{1}$$

（2）为了检验假设2，构建以下模型：

$$Dm = \beta + \alpha 1 T1 + \alpha 2 Quality + \alpha 3 Tang + \alpha 4 Operate + \alpha 5 Growth + \varepsilon \qquad (2)$$

由于存在经济周期和行业周期不同步的情况，本章把多周期强化叠加效应上升情况和下降情况分开分析。Lev 为债务比例，即资产负债率；Dm 为债务期限结构，即账面非流动负债与总负债比。$T1$ 为主要解释变量，表示经济周期与行业周期的叠加强化效应上升与非叠加上升状况（在具体模型中涉及 $T2$，表示经济周期与行业周期的叠加强化效应下降与非叠加下降状况），其他控制变量为公司质量（$Quality$）、有形资产（$Tang$）、经营水平（$Operate$）、公司成长性（$Growth$），ε 表示随机扰动项。

3. 经济周期和行业周期的划分

将国内生产总值指数数据进行可视化，数据来源于国家统计局，得到图 5-1。将房地产行业的行业景气指数数据进行可视化，数据来源于 DRC 行业景气监测数据库、国家统计局，得到图 5-2。

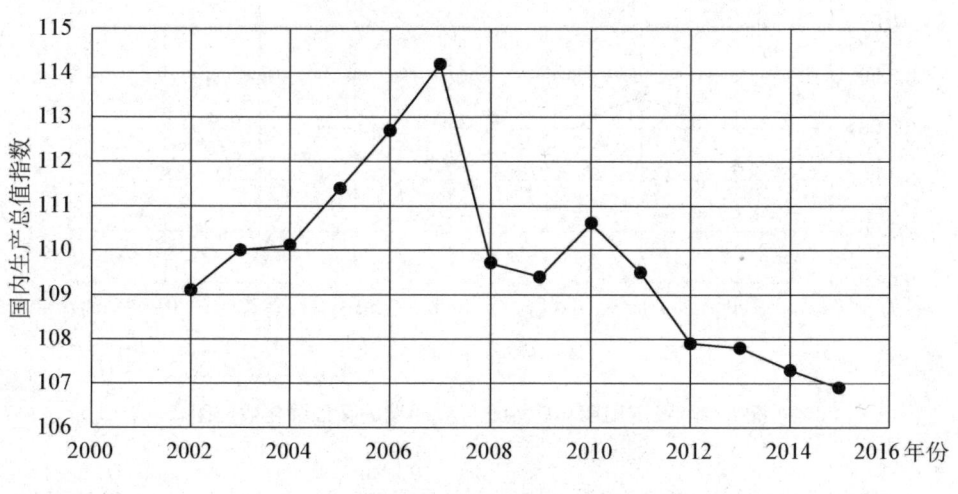

图 5-1　经济周期趋势图

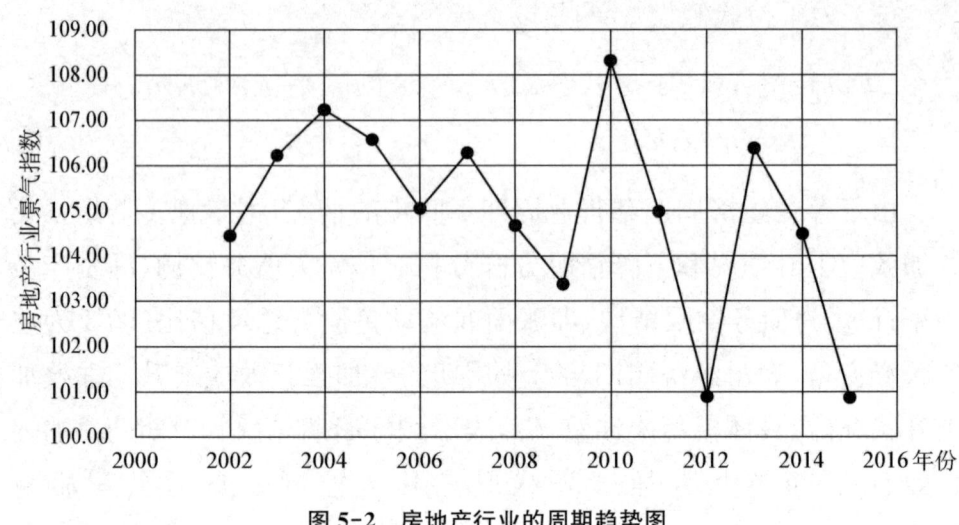

图 5-2　房地产行业的周期趋势图

将测度经济周期和行业周期的数据可视化,进行周期叠加分析,得到图 5-3。

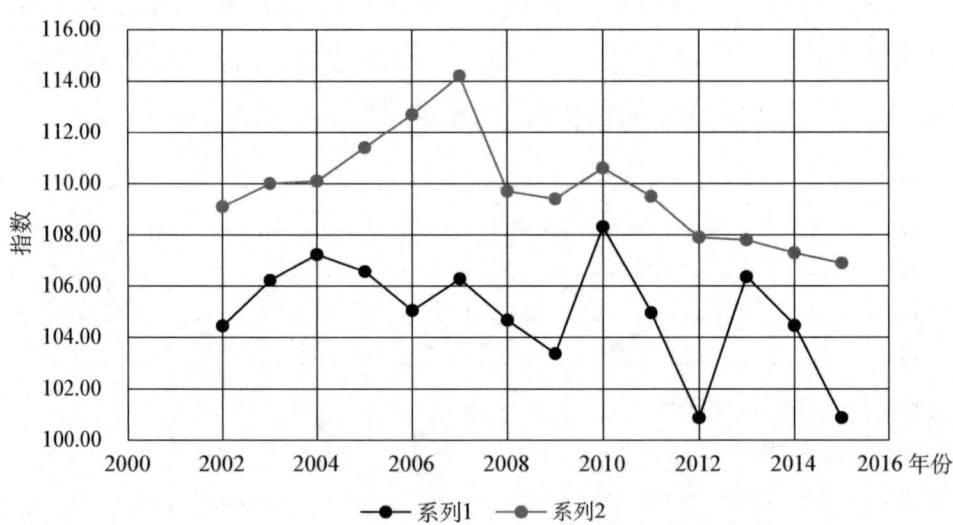

图 5-3　经济周期和房地产行业周期的叠加强化效应图

现有文献很少理论与实证分析多周期叠加效应,本章设置周期叠加强化效应解释变量 T,再分别设定虚拟变量 $T1$、$T2$。当处于经济周期和行业周期叠加强化效应上升阶段的年份,设置 $T1=1$,其他年份的 $T1$ 为 0;当处于经济周期和行业周期产生叠加强化效应下降阶段的年份,设置 $T2=1$,其他年份的 $T2$ 为 0。由图 5-3 得知,房地产行业的行业周期和经济周期产生叠加强化效应的年份为:一致上升阶段,2002—2004 年;2006—2007 年;2009—2010 年。一致下降阶段,2007—2009 年;2010—2012 年;2013—2015 年。不一致阶段,2004—2006 年;2012—2013 年。

5.3.3　实证研究结果

（1）描述性统计。

表 5-2　　　　　　　对变量 $T1$ 分组的描述性统计

周期叠加效应	stats	债务比例	债务期限结构	公司质量	有形资产	经营水平	成长性
$T1=1$	N	337	337	337	337	337	337
	mean	59.46%	19.51%	0.249	13.67	9.993	22.52
	p50	60.70%	15.41%	0.200	7.157	6.864	14.35
	sd	15.31%	16.51%	0.284	14.41	10.48	50.43
	min	22.39%	0.686%	−0.357	0.144	1.909	59.46
	max	90.67%	56.12%	1.072	42.87	54.33	137.2
$T1=0$	N	999	999	999	999	999	999
	mean	63.69%	26.07%	0.327	7.067	8.586	19.86
	p50	65.94%	25.85%	0.282	1.951	5.276	13.46
	sd	15.87%	15.76%	0.338	11.25	9.944	46.50
	min	22.39%	0.686%	−0.357	0.144	1.909	59.46
	max	90.67%	56.12%	1.072	42.87	54.33	137.2

表 5-3 　　　　　　　　对变量 $T2$ 分组的描述性统计

周期叠加效应	stats	债务比例	债务期限结构	公司质量	有形资产	经营水平	成长性
	N	735	735	735	735	735	735
	mean	64.18%	27.91%	0.360	5.357	8.241	20.14
$T2=1$	p50	66.51%	27.92%	0.309	1.529	5.062	13.24
	sd	16.03%	15.51%	0.338	9.343	9.876	47.36
	min	22.39%	0.686%	−0.357	0.144	1.909	59.46
	max	90.67%	56.12%	1.072	42.87	54.33	137.2
	N	601	601	601	601	601	601
	mean	60.72%	20.15%	0.243	12.86	9.797	21.01
$T2=0$	p50	62.44%	16.46%	0.200	6.016	6.610	14.79
	sd	15.39%	16.01%	0.301	14.40	10.30	47.74
	min	22.39%	0.686%	−0.357	0.144	1.909	59.46
	max	90.67%	56.12%	1.072	42.87	54.33	137.2

　　本章将样本数据进行分组,其中将叠加上升阶段和非叠加上升阶段进行分组,如表 5-2 所示;将叠加下降阶段和非叠加下降阶段进行分组,如表 5-3 所示。根据表 5-2 得知,当处于叠加上升阶段时,房地产行业的企业债务比率平均值为 59.46%;处于非叠加上升阶段时,房地产行业企业的平均值为 63.69%。处于周期叠加上升阶段与企业债务比例存在较明显负相关关系。当处于叠加上升阶段时,房地产行业企业的债务期限结构平均值为 19.51%;而当处于非叠加上升阶段时,企业债务期限结构平均值为 26.07%。根据表 5-3 得知,当处于叠加下降阶段时,企业的平均债务比例为 64.18%;而处于非叠加下降阶段时,企业的平均债务比例为 60.72%。当处于叠加下降阶段时,企业的平均债务期限结构为 27.91%;而处于非叠加下降阶段时,企业的平均债务期限结构为 20.15%,与预期存在一致性。

（2）T 检验。

表 5-4 　　　　　　　　**对变量 *T*1 分组的 *t* 检验**

财务指标均值	叠加上升阶段	非叠加上升阶段	差异	*t* 值	*p* 值
债务比例	59.46%	63.69%	−4.23%	4.25	0.0000
债务期限结构	19.51%	26.07%	−6.56%	6.55	0.0000
公司质量	0.249	0.327	−0.078	3.85	0.0000
有形资产	13.67%	7.067%	6.603%	−8.65	0.0000
经营水平	9.993%	8.586%	1.407%	−2.2	0.0270
成长性	22.52%	20.14%	2.38%	−0.89	0.2757

表 5-5 　　　　　　　　**对变量 *T*2 分组的 *t* 检验**

财务指标均值	叠加下降阶段	非叠加下降阶段	差异	*t* 值	*p* 值
债务比例	64.18%	60.72%	3.46%	−3.99	0.0001
债务期限结构	27.91%	20.15%	7.76%	−8.97	0.0000
公司质量	0.360	0.243	0.117	−6.55	0.0000
有形资产	5.357%	12.86%	−7.503%	11.45	0.0000
经营水平	8.241%	9.797%	1.556%	2.8	0.0050
成长性	20.14%	21.01%	−0.87%	0.35	0.7406

根据表 5-4 和表 5-5,对不同周期叠加状况的样本均值进行 T 检验,得知不同的周期叠加状态分别与债务比例和债务期限结构呈现显著的差异性,均在 1% 的水平上显著。此外,对于公司质量、有形资产、经营水平等指标,在不同的周期叠加状态下也具有显著的差异。

（3）回归结果及分析。

表 5-6 　　　　　　　　**多模型回归结果表**

模型	模型一	模型二	模型三	模型四
	Lev	*Lev*	*Dm*	*Dm*
*T*1	−2.569***		−4.852***	
	(−2.60)		(−4.79)	

（续表）

模型	模型一	模型二	模型三	模型四
	Lev	Lev	Dm	Dm
T2		1.531*		5.928***
		(1.73)		(6.60)
公司质量	0.374	0.273	5.495***	4.826***
	(0.26)	(0.19)	(3.70)	(3.26)
有形资产	−0.201***	−0.204***	−0.210***	−0.182***
	(−5.55)	(−5.55)	(−5.66)	(−4.90)
经营水平	−0.242***	−0.244***	0.0618	0.0580
	(−5.25)	(−5.29)	(1.31)	(1.24)
成长性	0.0151	0.0147	0.00577	0.00673
	(1.64)	(1.58)	(0.61)	(0.72)
_cons	66.76***	65.35***	25.11***	20.61***
	(70.84)	(60.98)	(26.01)	(18.94)
N	1 336	1 336	1 336	1 336
F	22.61	21.80	21.76	26.15
r2_a	0.0749	0.0723	0.0721	0.0861

　　注:模型一和模型二的被解释变量为 Lev,主要解释变量分别为 T1、T2;模型三和模型四的被解释变量为 Dm,主要解释变量分别为 T1、T2。*** 表示 1% 的显著性水平,** 表示 5% 的显著性水平,* 表示 10% 的显著性水平。

　　如表 5-6 所示,在回归模型一中,被解释变量为债务比例(Lev),解释变量为经济周期和行业周期叠加上升阶段与非叠加上升阶段($T1$),回归系数在 1% 水平上呈显著的负相关。在回归模型二中,被解释变量为债务比例(Lev),解释变量为经济周期和行业周期叠加下降阶段与非叠加下降阶段($T2$),结果在 10% 水平上呈显著的正相关。从宏观经济视角分析,当经济周期处于扩张阶段,房地产行业的企业前景较好,存在较多的预期收益来满足自身需求,对于外部资金需求量可能会减少。在经济周期和行业周期的叠加效应上升时,市场较好,股权融资更容易,成本相对也较低,企业可能选择降低债务比例,减少一定债务融资成本,这与研究假设相一致。在回归模型三中,被解释变量为债务期限结构(Dm),解释变量为经济周期和行业周期叠加上升阶段与非叠加上升阶段($T1$),回归系数在 1% 水平上呈显著的负相关;在回归模型四中,被解释变量为债务期限结构(Dm),解释变量为经济周期和行业周期叠加下降阶段与非叠加下降阶段($T2$),结果在 1% 上呈显著的正相关。从融资成本角度来看,由于长期借款的利息普遍高于短期借款利息,企业具有短期还本付息能力后,可能更愿意进行短期借款,减少长期借款。此外,从企业风险控制来看,当处于经济周期和行业周期叠加下降阶段,企业债务风险较大,为了降低自身风险,可能会提高自身的债务期限,保障在出现金融危机等事件时拥有足够现金流来维持企业正常经营,防止资金链断裂,与研究假设一致。

5.4　本章小结

本章通过实证研究对经济周期和行业周期的多周期叠加强化效应下房地产企业的债务结构进行差异分析。通过对经济周期和房地产行业周期划分,得到多周期叠加阶段。通过分组统计分析,发现在经济周期与行业周期叠加上升阶段,企业债务比例和债务期限结构小于非叠加上升阶段;在经济周期与行业周期叠加下降阶段,企业债务比例和债务期限结构大于非叠加下降阶段。实证结果表明:房地产行业的企业在经济周期和行业周期的叠加强化上升阶段相对于非叠加上升,房地产行业的企业总体的资产负债率有所降低,并且债务期限缩短;而在经济周期和行业周期的叠加强化下降阶段相对于非叠加下降,房地产行业企业的资产负债率有所上升,并且债务期限也会增加。

通过实证研究,本章探索经济周期和行业周期的叠加强化效应对房地产企业债务结构的影响,揭示其多周期叠加状况与企业债务结构之间的变化规律。房地产企业在关注企业内部因素的同时,也需要更加重视企业的外部因素,能够提前预测企业所处经济周期和行业周期阶段,提前调整债务结构,合理配置企业有限资源。本书提出以下建议:

(1)企业应充分认识复杂环境对微观主体行为的影响。认识宏观经济、中观行业的周期综合特征,有助于企业更加深入地理解企业主体行为,能更有效地进行战略优化管理。认识多周期叠加存在强化效应,有利于企业精细化管理并分层次分类别配置债务资源,防控债务风险。

(2)行业部门应深入了解行业发展规律,在考虑行业内外部环境的基础上,制定相关政策和行业规划,促进行业的健康发展;房地产行业及其他行业需要科学配置行业债务结构,防控行业中的债务风险。

(3)预期企业将处于经济周期和行业周期叠加上升状态时,相关企业在确保正常经营的现金情况下,可以适当降低整体的资产负债率,减少债务资本成本;企业在确保自身拥有短期还本付息能力情况下,可以适当缩短企业债务期限结构,减少债务资本成本。

(4)预期企业将处于经济周期和行业周期叠加下降状态时,为了防止资金短缺,相关企业应该适当地提高自身的资金比例,确保企业拥有充足的现金流;为了防止短期借款所带来的还本压力,企业应适当增加企业债务期限结构,避免企业现金流支出过于集中。

第6章　多周期叠加效应下防控企业信贷风险的实证研究

6.1　引言

复杂环境下多种周期存在叠加效应和复杂性，在经济周期和行业周期下研究企业银行贷款、周期叠加强化效应下银行贷款变化具有重要性。本章分析多周期叠加与企业银行贷款间的变化规律，拓展复杂周期下债务内部结构研究，有利于在双重叠加机遇和压力下分类进行企业银行贷款配置，有利于揭示复杂周期性对于微观企业行为效应。

6.2　文献与机理分析

研究多周期叠加效应下与企业贷款变化相关的主要文献如下：一是周期叠加与债务方面。周期叠加效应下的融资行为差异较大，现有文献注重单一特征对融资结构的效应，还缺乏同时考察经济周期和行业周期叠加的定量研究。基于企业债务结构方面的探讨，不同行业与企业的债务内部结构存在异质性，最佳结构比例等问题仍未解决（Myers，1984；Berens 和 Cuny，1995；孙铮等，2005；杨兴全，2008；梅波，2009；Devos 等，2012；Strebulaev 和 Yang，2013；Graham 等，2015；Sorge 等，2017）。充分认识复杂环境对微观主体行为的影响，认识宏观经济、中观行业的周期综合特征，有助于企业更加深入地理解企业主体行为，更有效地进行战略优化管理。目前周期叠加更多地运用于气象、水文、农业等领域（邢兰辉等，2007；陶炳新、韦勇娟，2011；彭贵芬、刘盈曦，2014；张梅等，2017），很少见到将周期叠加用于经济管理领域的研究。由于经济环境和行业周期的复杂性，周期之间存在复杂的关系，有必要厘清其复杂的内在联系，以深刻认识复杂的经济现象。复杂环境下多周期叠加存在强化效应，现有文献很少从理论与实证上分析多周期叠加，多周期叠加效应会加剧企业银行贷款变化。二是银行贷款方面。银行贷款是企业债务来源中的重要组成部分，关于银行贷款相关研究主要体现在对其经济后果和影响因素分析上，银行贷款的经济后果有：银行贷款影响投资（Lang 等，1996；Aivazian 等，2005；黄乾富、沈红波，2009；陆嘉玮等，2016；郭晓蓓，2017）；银行贷款与风险之间的效应（刘志远等，2017；顾小龙等，2018）；银行贷款与商业信用之间的替代互补效应（梅波等，2013；于博等，2018）等。银行贷款影响因素的研究有：银行贷款可得性（杨毅，2009）、银行贷款不良率（丁振辉等，2016）、银行贷款定价（赵萍，2019）、金融发展视角（屈蕊勃，2020）。探讨其影响因素，加入行业和时间变化作为银行贷款影响因素的控制变量（屈蕊勃，2020）。然而现有文献尚未具体深入探讨行业和时间的潜在重要效应，还缺乏从宏观和行业叠加状态进行的剖析。

研究机理分析如下：经济周期和行业周期叠加存在强化效应，国家政策和行业发展会对企业融资产生了较大影响，企业贷款会随着外部环境的变化而变化，叠加共振效应下银行贷款量存在变化，但是现有文献并没有对其进行相关研究，所以探索复杂环境下企业银行贷款变化具有重要性，可以厘清外部叠加环境对企业融资的影响。在国家政策和行业发展方面,如国家货币政策变化、制造业相关行业调整振兴计划等,对于制造业企业具有影响效应。多种外部环境变化对企业贷款具有重要影响,如周期叠加上行时期,经济发展形势和行业景气均较好。面对外部叠加机遇,企业可能需要较多资金用于相关投资,银行贷款量则可能较多,故经济周期和行业周期的叠加强化效应为上升阶段时,制造业行业的企业银行贷款比例更高。而对于周期叠加下行压力时期,经济形势和行业景气度下降,企业投资项目有限,企业获取银行贷款量则较少,对于外部环境变化企业应适时调整其战略决策。本章基于外部环境叠加分析企业贷款变化行为的理论与实证,拓展叠加强化效应下企业信贷资金的机理和证据,剖析异质宏观政策和行业发展态势,解释企业银行贷款量变化,拓展周期叠加、异质叠加机遇与压力、银行贷款变化等方面文献。

6.3　实证分析

6.3.1　变量与样本选取

本章采用(短期借款＋长期借款)/总资产和(短期借款＋长期借款)/总负债作为衡量企业银行贷款变化的指标并将其作为主要被解释变量,将周期叠加变量作为主要解释变量,来刻画多周期叠加状态下银行贷款变化差异。其他主要控制变量有:净利润/净资产,总资产对数,(固定资产净额＋存货)/总资产,流动资产/流动负债,长期资产/总资产,经营活动现金净流量/总资产,营业收入/固定资产期末净额等,并将这些指标作为控制变量,具体见表 6-1。本章根据《证监会行业分类 2012 年版》行业类别,选取 2005—2019 年制造业上市公司作为样本公司,剔除 ST 公司,数据主要来源于 CSMAR 数据库。

表 6-1　　　　　　　　　　　变量定义

变量	定义
$risk1$	（短期借款＋长期借款）/总资产
$risk2$	（短期借款＋长期借款）/总负债
$dj1$	周期叠加变量1(周期叠加向上组取1,叠加现象不明显组取0)
$dj2$	周期叠加变量2(周期叠加向下组取1,叠加现象不明显组取0)
roe	净利润/净资产
$lnsize$	总资产对数
$assetstock$	（固定资产净额＋存货）/总资产
$liquid$	流动资产/流动负债
$oprisk$	长期资产/总资产
$opncash$	经营活动现金净流量/总资产
$turnas$	营业收入/固定资产期末净额

6.3.2　周期叠加划分

本章收集 2005—2019 年制造业行业景气指数和宏观经济景气指数,并根据趋势情况计算出两者的相关系数,最后将制造业行业景气指数和宏观经济景气指数划分为五组,其叠加趋势和数据划分情况见图 6-1和表 6-2。

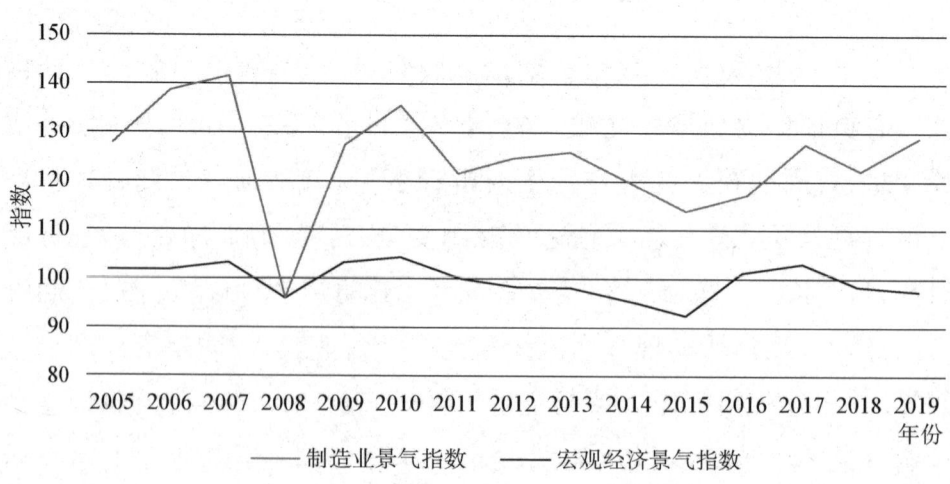

图 6-1　经济周期与行业周期叠加情况

表 6-2 周期叠加趋势划分

年份	制造业景气指数	宏观经济景气指数	相关系数	classify
2005	128	101.04		
2006	138.3	101.3	0.7432	1
2007	141	103.1		
2008	96	95.5		
2009	127.3	102.1	0.9999	2
2010	134.9	103.6		
2011	121.7	100.15	−1	3
2012	124.6	98.24		
2013	125.4	97.92		
2014	119.6	94.83	0.9953	4
2015	113.6	92.55		
2016	116.8	101.47		
2017	127.3	102.96	−0.2001	5
2018	122.2	98.15		
2019	128.2	97.41		

以上数据表明,在第二组中制造业行业景气指数和宏观经济景气指数叠加情况较好,相关系数达到 0.9999,从图 6-1 中看出,两者是叠加向上;在第四组中制造业行业景气指数和宏观经济景气指数叠加情况较好,相关系数达到 0.9953,从图 6-1 中看出,两者是叠加向下的;第五组的相关系数为 −0.2001,说明叠加状况一般。因此,本书将第二组和第五组结合,第四组和第五组结合,分别表示制造业行业景气指数和宏观经济景气指数叠加不同的情况,从而比较讨论多周期叠加与企业银行贷款变化规律。

6.3.3 构建模型

模型 1:分析周期叠加向上与企业贷款变化的模型

模型 1.1：

$$Risk1 = \beta_0 dj1 + \beta_1 roe + \beta_2 \ln size + \beta_3 assetstock + \beta_4 liquid + \beta_5 oprisk + \beta_6 opncash + \beta_7 turnas + \beta$$

模型 1.2：

$$Risk2 = \beta_0 dj1 + \beta_1 roe + \beta_2 \ln size + \beta_3 assetstock + \beta_4 liquid + \beta_5 oprisk + \beta_6 opncash + \beta_7 turnas + \beta$$

模型 2：分析周期叠加向下与企业贷款变化的模型

模型 2.1：

$$Risk1 = \beta_0 dj2 + \beta_1 roe + \beta_2 \ln size + \beta_3 assetstock + \beta_4 liquid + \beta_5 oprisk + \beta_6 opncash + \beta_7 turnas + \beta$$

模型 2.2：

$$Risk2 = \beta_0 dj2 + \beta_1 roe + \beta_2 \ln size + \beta_3 assetstock + \beta_4 liquid + \beta_5 oprisk + \beta_6 opncash + \beta_7 turnas + \beta$$

存在多种影响银行贷款的因素，单纯用一个指标来衡量可能会带来偏误。为了更好地估计参数，本章在估计参数时区分两种状态、四个模型，采用不同的回归方法减少误差，使结论更加可靠。回归方法采用固定效应模型和随机效应模型，还采用 Peterson（2009）调整标准误差的稳健聚类回归，如稳健回归、稳健聚类公司回归、稳健聚类年度回归[1]。

6.3.4　模型回归结果

1. 模型 1 的回归分析

通过表 6-3 可知，固定效应等 5 个模型中均发现周期叠加向上

---

[1]　现实中难以判别非观测效应与解释变量之间的关系，本文模型检验采用固定效应、随机效应、聚类回归等计量模型，有效地解决了异方差和序列相关性问题，变量共线性 VIF 值较小。

$(dj1)$ 与银行贷款变化变量 $(risk1)$ 在 5% 或 1% 的显著性水平上正相关,表明周期叠加向上情况下企业银行贷款比例会更大。可能的原因是:在 2005—2019 年的 15 年中,2008 年我国制造业行业景气经济指数跌破最低点,行业景气指数低于 100,2009 年、2010 年制造业行业景气指数逐步增加;2009 年、2010 年宏观经济景气指数也在增加,在 2008 年国家推行了 4 万亿元投资计划,实行了较宽松的货币政策,具体政策有增加市场货币的供应量,降低准备金率、贷款利率,放松信贷条件和规模,对企业的银行贷款存在较大的影响。因此,宏观经济景气指数和制造业行业景气指数的叠加向上,国家货币政策较宽松,行业景气度较高,企业的投资发展空间较大,企业需要更多的资金来投资,在叠加向上情况下,企业银行贷款比例会更大。

(1) 模型 1.1 的回归。

表 6-3　　　模型 1.1 多周期叠加下企业贷款变化的多模型分析

模型	rob	rs	ry	fe	re
$dj1$	0.0285***	0.0285**	0.0285**	0.0542***	0.0412***
	(8.52)	(6.25)	(2.78)	(13.56)	(13.33)
roe	−0.106***	−0.106***	−0.106***	−0.0662***	−0.0763***
	(−7.67)	(−7.40)	(−7.53)	(−8.39)	(−10.13)
$lnsize$	0.0136***	0.0136***	0.0136***	0.0263***	0.0185***
	(9.52)	(5.71)	(8.18)	(10.58)	(11.40)
$assetatock$	0.174***	0.174***	0.174***	0.0824***	0.121***
	(15.08)	(10.00)	(6.02)	(5.91)	(11.10)
$liquid$	−0.0189***	−0.0189***	−0.0189***	−0.0168***	−0.0170***
	(−21.98)	(−17.14)	(−4.49)	(−21.08)	(−26.84)
$oprisk$	0.278***	0.278***	0.278***	0.111***	0.165***
	(9.16)	(7.25)	(4.94)	(3.80)	(6.47)
$opncash$	−0.370***	−0.370***	−0.370***	−0.233***	−0.277***
	(−15.56)	(−14.12)	(−7.71)	(−11.87)	(−15.39)

模型	*rob*	*rs*	*ry*	*fe*	*re*
turnas	−0.000569	−0.000569	−0.000569	−0.000934**	−0.000817**
	(−1.57)	(−1.13)	(−1.01)	(−2.38)	(−2.56)
_cons	−0.152***	−0.152***	−0.152**	−0.408***	−0.250***
	(−4.60)	(−2.80)	(−2.84)	(−7.12)	(−6.76)
N	6 171	6 171	6 171	6 171	6 171
F	291.2	158.3	—	137.0	
r2_a	0.310	0.310	0.310	0.203	0.199

注：*rob* 代表稳健聚类回归；*rs* 表示稳健聚类公司回归；*ry* 表示稳健聚类年度回归；*fe* 表示固定效应回归；*re* 表示随机效应回归；固定效应和随机效应报告的是 *r2_w*（within）；*F* 值存在缺失现象。*** 表示 1% 的显著性水平，** 表示 5% 的显著性水平，* 表示 10% 的显著性水平；回归系数下面的值是 *T* 值。

（2）模型 1.2 的回归。

通过表 6-4 可知，在固定效应和随机效应模型中均发现周期叠加向上（*dj*1）与银行贷款变化变量（*risk*2）在 1% 的显著性水平上正相关，结果与表 6-3 结果类似。它进一步表明在宏观经济景气指数和制造业行业景气指数叠加向上情况下，企业的银行贷款比例会更大。

表 6-4　　　　模型 1.2 多周期叠加下企业贷款变化的多模型分析

模型	*rob*	*rs*	*ry*	*fe*	*re*
*dj*1	−0.000419	−0.000419	−0.000419	0.0753***	0.0419***
	(−0.07)	(−0.06)	(−0.02)	(11.22)	(7.98)
roe	−0.0832***	−0.0832***	−0.0832***	−0.0458***	−0.0544***
	(−4.78)	(−4.63)	(−5.64)	(−3.45)	(−4.28)
lnsize	0.000835	0.000835	0.000835	0.0228***	0.0106***
	(0.38)	(0.24)	(0.14)	(5.46)	(3.84)
assetatock	0.235***	0.235***	0.235***	0.0406*	0.126***
	(12.50)	(8.54)	(8.53)	(1.73)	(6.82)

（续表）

模型	rob	rs	ry	fe	re
liquid	−0.0237***	−0.0237***	−0.0237***	−0.0269***	−0.0248***
	(−18.56)	(−16.09)	(−6.48)	(−20.07)	(−23.05)
oprisk	0.798***	0.798***	0.798***	0.323***	0.512***
	(16.64)	(13.27)	(6.23)	(6.61)	(11.87)
opncash	−0.542***	−0.542***	−0.542***	−0.399***	−0.438***
	(−14.12)	(−12.35)	(−5.96)	(−12.09)	(−14.40)
turnas	−0.00372***	−0.00372***	−0.00372***	−0.00271***	−0.00322***
	(−6.08)	(−4.42)	(−4.27)	(−4.10)	(−5.96)
_cons	0.295***	0.295***	0.295	−0.128	0.106*
	(5.87)	(3.70)	(1.99)	(−1.33)	(1.68)
N	6 171	6 171	6 171	6 171	6 171
F	228.8	149.0	—	107.9	—
r2_a	0.231	0.231	0.231	0.167	0.159

注:*rob* 代表稳健聚类回归;*rs* 表示稳健聚类公司回归;*ry* 表示稳健聚类年度回归;*fe* 表示固定效应回归;*re* 表示随机效应回归;固定效应和随机效应报告的是 *r2_w*(within);*F* 值存在缺失现象。*** 表示 1% 的显著性水平,** 表示 5% 的显著性水平,* 表示 10% 的显著性水平;回归系数下面的值是 *T* 值。

2. 模型 2 的回归分析

从表 6-5 中得知,稳健回归、稳健聚类公司回归模型发现周期叠加向下(*dj*2)与银行贷款变化变量(*risk*1)在 1% 或 10% 的显著性水平上负相关。可能的原因是:从 2010 年开始,宏观经济景气指数连续 5 年下降,跌至 15 年来最低点,只有 92.55;由于制造业需求下降、出口下降、供给增加等因素引起了制造业行业景气下滑,制造业行业景气指数从 2013 年以来也连续 3 年下降,在双重压力之下,行业发展机会有限,供给增加、产能过剩现象较严重,国家强调加强信贷优化结构,提高贷款利率,提高风险抵御能力,此时信贷条件也较严格。在宏观经济景气指数和制造业行业景气指数叠加向下情况下,企业的银行贷款比例会更小。

(1) 模型 2.1 的回归。

表 6-5　　　　　模型 2.1 多周期叠加下企业贷款变化的多模型分析

模型	rob	rs	ry	fe	re
dj2	−0.0172***	−0.0172***	−0.0172*	0.00238	−0.00179
	(−6.79)	(−6.37)	(−2.52)	(1.17)	(−0.98)
roe	−0.148***	−0.148***	−0.148***	−0.0688***	−0.0846***
	(−10.83)	(−10.26)	(−7.28)	(−10.26)	(−12.88)
lnsize	0.0182***	0.0182***	0.0182***	0.0191***	0.0191***
	(15.48)	(8.52)	(6.94)	(8.12)	(13.08)
assetatock	0.172***	0.172***	0.172***	0.0985***	0.126***
	(17.80)	(10.99)	(11.49)	(8.52)	(13.69)
liquid	−0.0165***	−0.0165***	−0.0165***	−0.0154***	−0.0156***
	(−23.87)	(−15.84)	(−9.55)	(−24.04)	(−29.18)
oprisk	0.171***	0.171***	0.171***	0.0990***	0.125***
	(6.35)	(4.81)	(10.06)	(4.15)	(5.71)
opncash	−0.285***	−0.285***	−0.285***	−0.195***	−0.219***
	(−12.69)	(−10.79)	(−7.21)	(−12.10)	(−14.49)
turnas	0.000304	0.000304	0.000304	−0.000250	−0.0000739
	(1.06)	(0.67)	(1.25)	(−0.78)	(−0.28)
_cons	−0.257***	−0.257***	−0.257**	−0.267***	−0.277***
	(−9.46)	(−5.26)	(−3.87)	(−4.87)	(−8.27)
N	7 855	7 855	7 855	7 855	7 855
F	415.9	173.0	—	163.2	—
r2_a	0.338	0.338	0.338	0.182	0.180

注:rob 代表稳健聚类回归;rs 表示稳健聚类公司回归;ry 表示稳健聚类年度回归;fe 表示固定效应回归;re 表示随机效应回归;固定效应和随机效应报告的是 r2_w(within);F 值存在缺失现象。*** 表示 1% 的显著性水平,** 表示 5% 的显著性水平,* 表示 10% 的显著性水平;回归系数下面的值是 T 值。

（2）模型2.2的回归。

通过表6-6可知，在稳健回归、稳健聚类公司回归、稳健聚类年度回归、随机效应模型中均发现周期叠加向上（$dj2$）与银行贷款变化变量（$risk2$）在1%或5%的显著性水平上负相关，结果与表6-5类似。它进一步表明在宏观经济景气指数和制造业行业景气指数叠加向下情况下，企业的银行贷款比例会更小。

表6-6　　　　模型2.2多周期叠加下企业贷款变化的多模型分析

模型	rob	rs	ry	fe	re
$dj2$	−0.0499***	−0.0499***	−0.0499**	−0.00183	−0.0146***
	(−11.09)	(−10.30)	(−3.48)	(−0.49)	(−4.36)
roe	−0.126***	−0.126***	−0.126***	−0.0399***	−0.0584***
	(−7.09)	(−6.38)	(−5.95)	(−3.23)	(−4.83)
lnsize	0.00135	0.00135	0.00135	0.0149***	0.00835***
	(0.68)	(0.39)	(0.23)	(3.44)	(3.08)
$assetatock$	0.239***	0.239***	0.239***	0.0818***	0.138***
	(14.35)	(9.00)	(10.45)	(3.84)	(8.09)
$liquid$	−0.0273***	−0.0273***	−0.0273***	−0.0306***	−0.0295***
	(−24.41)	(−16.85)	(−23.51)	(−25.92)	(−29.81)
$oprisk$	0.491***	0.491***	0.491***	0.196***	0.301***
	(9.94)	(7.68)	(11.26)	(4.45)	(7.46)
$opncash$	−0.514***	−0.514***	−0.514***	−0.354***	−0.396***
	(−13.67)	(−11.42)	(−6.81)	(−11.95)	(−14.19)
$turnas$	−0.00226***	−0.00226***	−0.00226***	−0.00142**	−0.00194***
	(−4.38)	(−2.76)	(−5.36)	(−2.41)	(−3.97)
_cons	0.300***	0.300***	0.300*	0.0391	0.159**
	(6.52)	(3.82)	(2.14)	(0.39)	(2.55)

（续表）

模型	*rob*	*rs*	*ry*	*fe*	*re*
N	7 855	7 855	7 855	7 855	7 855
F	340.2	166.7	—	135.8	—
r2_a	0.244	0.244	0.244	0.156	0.152

注：*rob* 代表稳健聚类回归；*rs* 表示稳健聚类公司回归；*ry* 表示稳健聚类年度回归；*fe* 表示固定效应回归；*re* 表示随机效应回归；固定效应和随机效应报告的是 *r2_w*（within）；F 值存在缺失现象。*** 表示 1％的显著性水平，** 表示 5％的显著性水平，* 表示 10％的显著性水平；回归系数下面的值是 T 值。

通过表 6-3 至表 6-6 可知，模型中的相关控制变量与企业银行贷款变量间的关系也在合理解释中，如总资产对数与企业银行贷款呈现出正相关关系，表明企业的规模越大，越容易获得贷款；（固定资产净额＋存货）/总资产，表明可抵押的资产越多，企业银行贷款也越多，等等。总之，通过多个模型和变量替换发现，经济周期和行业周期的叠加强化效应为上升阶段时，制造业行业的企业银行贷款比例更高。而在叠加下行压力时期，经济形势下行加上行业景气度下降，企业发展空间受限，投资项目较少，企业银行贷款量较少。

6.4　本章小结

经济周期和制造业行业周期多个区间存在周期叠加，叠加强化效应下制造业企业银行贷款存在差异性。本章通过采用固定效应等模型实证发现，制造业企业在经济周期和行业周期的叠加强化上升阶段相对于非叠加上升阶段，企业银行贷款比例更高，叠加机遇和压力下企业银行贷款变化明显。研究经济周期和行业周期的叠加强化效应对制造业企业银行贷款变化的影响，可以揭示多周期叠加状况与企业银行贷款之间的变化规律。制造业企业在关注企业内部因素的同时，也需要更加重视企业的外部因素,能够提前预测企业所处经济周期和行业周期阶段,提前调整银行贷款规模,在双重叠加机遇和压力下分类进行企业银行贷款配置。本章得出以下启示:

(1) 企业应充分认识复杂环境对微观主体行为的影响,认识宏观经济、中观行业的周期综合特征,有助于更深入地理解企业主体行为与环境的关系,能更有效地进行战略优化管理。企业主体应认识多周期叠加的强化效应。

(2) 行业部门应深入了解行业发展规律,考虑行业内外部环境,制定相关政策和行业规划,促进行业的健康发展;制造业行业及其他行业需要科学配置行业贷款,防控银行贷款比例失衡。

(3) 预期企业将处于经济周期和行业周期处于叠加上升状态时,制造业企业可适当增加银行贷款比例,充分利用国家相关政策和行业机会进行银行贷款融资和有效投资,抓住双重叠加机遇。

(4) 预期企业将处于经济周期和行业周期处于叠加下降状态时,制造业企业可适当减少银行贷款比例,在行业和宏观经济双重压力下,企业避免进行重复性无效投资,维持企业正常生产经营。

第 7 章　多周期叠加效应下防控企业债务风险的实证研究

7.1　引言

现有文献对于企业债务风险研究相对较少,如李佩珈、梁婧(2015)的研究表明,企业杠杆率高于国际平均水平会加剧金融体系脆弱性,部分债务负担过重、盈利能力较差的企业或将面临资金链断裂的风险等。苟文均(2016)的研究表明,我国国民经济尤其是非金融企业部门债务杠杆的大幅攀升,已显著推升我国系统性风险水平。谭小芬、李源(2018)分析了新兴市场国家非金融企业债务的现状、成因、风险与对策。就中国而言,非金融企业部门债务规模在整个新兴市场国家中占比很高,但主要体现为本币债务的上升,外币债务的占比很小,目前中国非金融企业的财务脆弱性尚处于"灰色区域"。张靖等(2018)研究发现,环境不确定性增加了企业债务违约的风险,而企业社会责任履行对两者关系具有缓解作用,且这种缓解作用更多存在于非国有企业中。李明睿(2019)研究发现,债务违约风险越高的公司越有可能进行审计意见购买,并且这种现象在发生审计变更或存在超额审计费用的公司中更为明显。仲怀公、马圆明(2019)研究表明,高管能力与审计收费显著负相关;企业债务违约风险与审计收费显著正相关;企业债务违约风险能够显著削弱高管能力对审计收费的影响作用。周彬、周彩(2019)研究发现,地方政府对土地财政的依存度增加会提高企业过度负债的概率,提高企业的短期偿债风险与未来偿债压力,同时降低过度负债企业的盈利与持续发展能力。

综上所述,目前现有文献对企业债务风险研究很少,而基于经济周期与行业周期叠加背景研究企业债务风险变化方面文献接近空白,基于问题的重要性,本章探寻复杂经济环境下周期的叠加效应和复杂性,剖析经济周期和行业周期,研究企业债务风险、周期叠加强化效应下企业债务风险与防控举措,揭示多周期叠加与企业债务风险变化规律,拓展复杂周期性下风险防范研究。

7.2　实证分析

7.2.1　选取衡量经济周期和房地产周期的指标及其参考值

对于经济周期和房地产行业周期的衡量指标选取,本书采用宏观经济景气指数和房地产业景气指数。宏观经济景气指数(又称企业家信心指数),是通过对企业家进行问询并根据调查结果中企业家对经营情况和市场经济状况的了解和预测编制而成的。因此,它反映企业家对经济环境的感受与信心,可以作为预测未来经济发展变动趋势的指标。本章通过 2000—2018 年的数据,计算其平均值为 97.984,以此作为衡量经济周期的临界值。当景气指数高于临界值时,表明经济形势处于良好状态;当景气指数低于临界值时,表明经济形势处于下行状态。房地产业景气指数是对企业经营状况的定性指标利用一定的方法进行汇总,反映某种特别的调查群体或者发展趋势的一种指标,是一个结合多方面考虑的综合指数。由于不同行业之间差距较大,本章选取整个行业一段时间的景气指数的平均值作为衡量房地产业周期的指标。通过 2000—2018 年的数据,计算出其平均值为 120.957,当房地产业景气指数高于临界值时,房地产行业发展较好;当房地产业景气指数低于临界值时,房地产行业总体较低迷。书中数据主要来自 CSMAR 数据库。

7.2.2 选取衡量债务风险的指标及其参考值

本书将直接涉及债务方面的因素作为衡量债务风险的指标,按照重要性原则,选取流动比率、速动比率、资产负债率、利息保障倍数和权益比率等指标衡量债务风险,具有一定的科学性和合理性。流动比率＝流动资产/流动负债。一般来说,流动比率越高,企业资产的流动性越大,但流动比率过大,也表明流动资产占有率过高,将影响到营运资金周转效率和盈利能力。不同行业的流动比率差异较大,比较流动比率时,测算 2000—2018 年房地产行业流动比率的平均值为 2.109,将其作为衡量流动比率高低的参考值。速动比率＝速动资产/流动负债。它较能体现企业的短期偿付能力。如果速动比率过低,短期还债风险则较高;速动比率过高,企业则占用过多资源,就会增加企业对外投资的机会成本。不同行业的速动比率存在较为明显的差异,本章通过数据分析,计算出速动比率的平均值为 0.916,将其作为衡量速动比率的参考值。资产负债率,即企业的负债总额与资产总额的比率。不同行业的资产负债率会有较为明显的差异,本章通过数据分析,得到资产负债率的平均值为 69.4%,将其作为衡量资产负债率的参考值。利息保障倍数即企业息税前利润与利息费用的比率,利息保障倍数越高,企业的经营活动盈利就越大。不同行业的利息保障倍数同样存在较明显差异,通过数据分析,得到利息保障倍数的平均值为 32.862。权益比率＝股东权益/总负债。在经济环境下行情况下,企业偿债困难,债权人利益难以受到保障。不同行业的权益比率会存在差异,本章通过数据分析,得到权益比率的平均值为 1.162。

7.2.3 分析思路

本章研究周期叠加下企业债务风险差异,相关分析思路如下:

(1) 企业债务风险受到多个直接涉及债务因素指标的影响,本章选取流动比率、速动比率、资产负债率、利息保障倍数和权益比率作为主要影响债务风险的因素,来衡量企业债务风险。收集房地产行业的公司 2000—2018 年的相关数据并进行分析。

(2) 经济周期与房地产业周期存在周期叠加,选取宏观经济景气指数及房地产业景气指数作为衡量周期的指标,分析 2000—2018 年的宏观经济景气指数及房地产业景气指数,然后利用数据分析进行同步性比较,进行周期叠加分析,将这组数据按照年份分成五个区间,利用协方差矩阵,计算每个区间两种景气指数的相似度,即是计算其同步性。按照相似度的高低排序,表明周期叠加程度的高低。选择周期叠加区间,选择叠加度高且具有代表性的上升和下降趋势的两个区间,具体分析这两个区间内的经济政策、行业发展等,再比较企业债务风险的高低变化。

7.2.4 对房地产业债务风险的数据分析

表 7-1　　　　房地产行业的债务风险相关指标分析表

年份	流动比率	速动比率	利息保障倍数	资产负债率	权益比率
2000 年	1.832	1.141	43.781	50.3%	1.526
2001 年	2.675	1.834	−3.379	59.6%	2.596
2002 年	2.271	1.254	11.024	61.2%	1.681
2003 年	2.044	0.856	45.549	60.5%	1.398
2004 年	1.803	0.791	−8.658	67.1%	1.166

(续表)

年份	流动比率	速动比率	利息保障倍数	资产负债率	权益比率
2005 年	1.625	0.648	15.444	87.3%	0.929
2006 年	1.889	0.708	203.555	78.5%	0.938
2007 年	2.073	0.828	−3.778	86%	0.978
2008 年	2.291	0.707	61.267	76.7%	1.133
2009 年	2.362	0.852	−1.039	116.6%	0.891
2010 年	2.157	0.742	−13.035	68.6%	0.812
2011 年	2.013	0.718	89.804	62.8%	0.857
2012 年	2.142	0.845	29.468	63.3%	1.165
2013 年	2.042	0.728	67.269	62%	1.299
2014 年	1.951	0.608	9.994	63%	0.871
2015 年	2.372	1.121	58.626	63.5%	1.186
2016 年	2.134	0.891	7.394	63.9%	0.815
2017 年	2.198	1.063	10.929	63.7%	0.883
2018 年	2.200	1.070	0.155	63.5%	0.959
平均值	2.109	0.916	32.862	69.4%	1.162

企业债务风险主要涉及流动比率、速动比率、资产负债率、利息保障倍数和权益比率等指标,对其进行数据处理分析,得到表 7-1,同时对债务风险指标进行趋势分析,限于篇幅,省略趋势图。

(1)关于流动比率。从表 7-1 可知房地产行业的流动比率在 2000 年时较低,但在 2001 年后,开始上升到参考值之上,表明房地产行业发展趋势较好。1999 年《关于开展个人消费信贷的指导意见》颁布,在政策支持下贷款买房等新型消费观念开始形成,人们开始将购房作为个人消费的一项重要支出,导致房地产行业的逐渐崛起。到 2003 年,由于非典疫情的暴发,全国有关行业受到较严重影响,此时人们的关注度更倾向于医疗卫生方面,间接影响房地产行业发展,2003—2007 年房地产业的流动比率均低于标准值。2008—2018 年,房地产业总体在快速发展,整体的存量资产较多,房地产行业的流动比率在参考值范围上下波动。

(2)关于速动比率。2000年,住房分配制度改革,更多人开始考虑买房,越来越多的人投资房地产。从表7-1可以看出,2000—2002年的速动比率高于标准值很多,企业的流动性强的资产更多。2003—2014年,房地产业的速动比率处在比标准值低的范围内波动。而2015年后,其速动比率处在比标准值高的范围内波动。

(3)关于利息保障倍数。2000—2005年,房地产企业支付利息成本的能力较低,企业整体实力偏弱。2006年企业的利息保障倍数非常高,盈利能力较好,之后直至2018年,其波动范围一直在标准值附近。

(4)关于资产负债率。从表7-1可知,2005—2010年,企业资产负债率一直呈上升趋势,且幅度明显,表明房地产企业景气度在下降,购房政策的限制开始较多,对行业发展有一定抑制。

(5)关于权益比例。从表7-1可知2000—2004年处于标准值之上,属于较高水平,此时企业自有资本较高,负债较低,经济状态良好;2005—2018年几乎均低于标准值,但与标准值较为接近。这也反映出房地产行业的发展状况,在初期企业自有资本较多,负债较低,随着企业发展,融资需求量增加,行业利润率下降,企业营业利润降低,复杂外部环境下企业负债较多。

7.2.5 对经济周期和房地产周期进行周期叠加分析

我们将房地产企业作为研究企业债务风险的对象。房地产业周期与经济周期存在周期叠加效应。景气指数表示经济发展状态,选取2000—2018年的年度宏观经济景气指数作为衡量经济周期的指标,通过数据分析得到图7-1。

从图7-1可知,2000—2007年,宏观经济景气指数一直呈较明

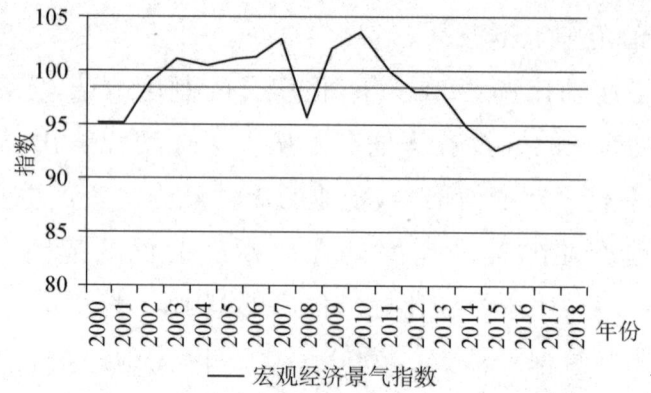

图 7-1　宏观经济景气指数趋势图和参考值

显的上升趋势,外部经济环境良好。2008 年,金融危机爆发,外部复杂环境导致经济景气指数低于参考值。2009 年经济状态有所好转,从 2010 年开始经济呈下降趋势,复杂经济环境下经济表现出重数量到重质量的转变,产业结构需要升级和转型,经济呈现出高质量发展。

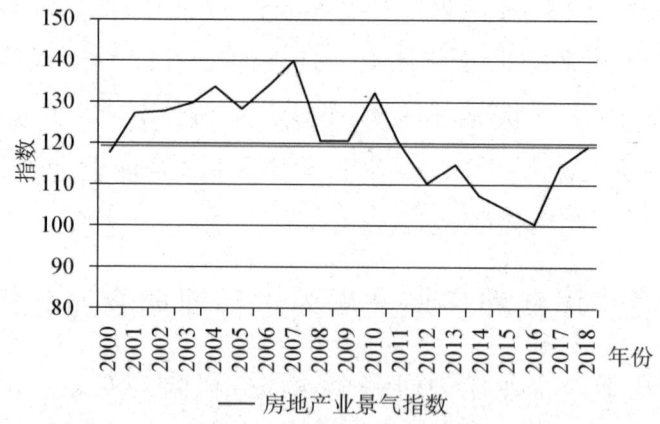

图 7-2　房地产业景气指数趋势图和参考值

　　选取 2000—2018 年的房地产行业景气指数作为衡量房地产行业周期的指标,得到图 7-2。从图 7-2 中可知,房地产业从 2000—2007

年发展迅速,行业发展较景气,逐渐成为经济发展的重要力量,2008年受到金融危机的影响,行业受到一定冲击,行业发展景气度下降。随着政策调控、供给侧改革等治理举措的推出,房地产业逐渐呈下降趋势,政府更加注重科技产业发展。

根据数据分析得知,经济周期和行业周期的景气指数变化存在一致性。为了观察周期叠加对企业债务风险的影响程度,将 2000—2018 年分为 5 个区间,这些区间有周期叠加度较好的,也有周期叠加度较差的,这是一种探索性划分。本书利用 Matlab 中相似矩阵求每个区间内的两组数据相关性,得出表 7-2 和图 7-3。通过分析发现,区间 1 和区间 4 的拟合程度较高,区间 1 为总体上升阶段,区间 4 为总体下降阶段,选择此两个代表性区间研究周期叠加对企业债务风险的影响具有重要意义。

表 7-2   **区间数据相似度分析表**

年度区间	2000—2003 年	2004—2007 年	2008—2010 年	2011—2014 年	2015—2018 年
相似度	0.7673	0.7893	0.5984	0.8786	0.1118

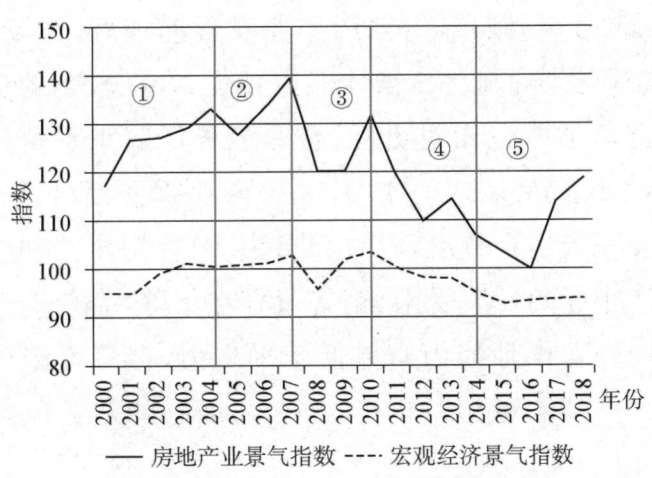

图 7-3   宏观经济景气指数和房地产业景气指数叠加区间分析图

7.2.6　研究周期叠加上升与下降阶段的企业债务风险

表 7-3　　周期叠加上升与下降阶段的债务风险指标比较分析

年度区间	流动比率	速动比率	利息保障倍数	资产负债率	权益比率
区间1	2.206	1.271	24.244	57.9%	1.800
区间4	2.037	0.725	49.134	62.8%	1.048

　　依据前述周期叠加区间,测算出周期叠加上升与下降阶段的债务风险相关指标,得到表 7-3。结合表 7-1 可知,区间 1 的流动比率、速动比率、权益比率均高于平均水平,并且高于区间 4 的对应值。区间 1 的资产负债率也低于区间 4。利息保障倍数值由于某些年份存在较大的异常值,方差较大,此指标稳定性较弱。区间 4 的流动比率、速动比率和权益比率均低于平均水平,其资产负债率也高于区间 1 的值。可见,在周期叠加呈上升趋势的区间 1,房地产业作为经济发展的支柱产业,如 2003 年《国务院关于促进房地产市场持续健康发展的通知》颁布,房地产企业发展前景好,市场需求量大,效益较好,企业资金回收快,偿债能力较强,存在较多的资产用于偿付债务,自身负债率也相对更低,企业债务风险水平整体较低。在周期叠加呈下降趋势的区间 4 中,2010 年为遏制部分城市房价过快上涨,多部委联合出台政策调控信贷、税收、住房供给和市场监管等措施,房地产企业的发展受限,销售量存在下降,企业资金回收存在弱化,房地产企业偿债能力整体低于平均值,存量资产用于偿付债务能力有限,负债率也相对更高,故企业面临的债务风险水平整体较高。

7.3 进一步分析债务违约风险

本章从 CSMAR 数据库中选择制造业中的化学原料及化学制品制造业的 80 家企业进行分析。选取 2005—2018 年数据,对 2005—2018 年的宏观景气指数和化学原料及化学制品制造业的行业景气指数进行划分,得到图 7-4。

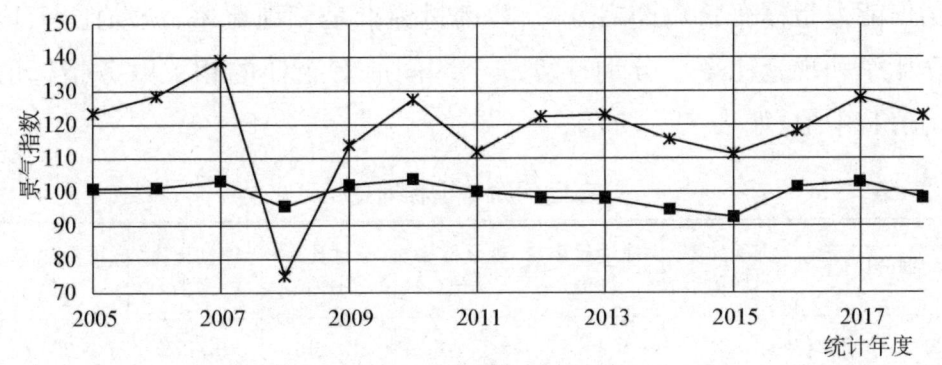

图 7-4 景气指数对比图

根据两种景气指数的散点图划分为四个区间,分别是 2005—2007 年、2008—2012 年、2013—2015 年、2016—2018 年。可以发现,在 2005—2007 年两种景气指数都是上行的,在 2013—2015 年两种景气指数都是下行的。Spearman 是一种无参数的检验方法,本章通过分析四个区间的 Spearman 相关系数来看叠加效果。

表 7-4　　　　景气指数 Spearman 相关系数

区间	2005—2007 年	2008—2012 年	2013—2015 年	2016—2018 年
Spearman 相关系数	0.9794	0.7848	0.9985	0.3404

从表 7-4 可知,在 2005—2007 年和 2013—2015 年这两个区间的宏观景气指数和化学原料及化学制品制造业的景气指数叠加效果都比较强,其中区间 2013—2015 年的叠加效果最强,而在区间 2016—2018 年叠加效果较弱。而且在 2005—2007 年的上行幅度明显比 2013—2015 年的下行幅度明显。因此选取三个区间 2005—2007 年、2013—2015 年、2016—2018 年进行研究。

对一个企业的到期债务偿还能力一般使用偿债能力指标来衡量,它是衡量流动资产对流动负债能否及时并足额偿还的一种保证程度。偿债能力指标有长短期之分,一般衡量标准是三项比率:流动比率、速动比率和现金比率。分别计算三个区间所有企业的相关财务指标的均值和中值,如表 7-5 所示。

表 7-5 各区间财务指标对比

划分区间	流动比率均值	速动比率均值	现金比率均值	流动比率中值	速动比率中值	现金比率中值
2005—2007 年	1.3210	0.9975	0.4305	1.0440	0.7778	0.2559
2013—2015 年	1.2692	0.9642	0.4214	0.9758	0.7429	0.2577
2016—2018 年	1.2612	0.9429	0.4033	1.0078	0.7443	0.2601

由表 7-5 可知,三个区间的流动比率均值相差不多,但在叠加效果最强且处于上行的 2005—2007 年的流动比率均值最高,而在叠加效果较强、处于下行的 2013—2015 年和叠加效果最弱的 2016—2018 年的流动比率都较低,两个区间的流动比率中值差别不大。速动比率和现金比率的情况与流动比率相差不多,都是在叠加效果最强,且处于上行的 2005—2007 年区间均值最高。

从流动比率、速动比率以及现金比率单一指标很难直接得出企业的偿债能力,因此,本章通过量化企业债务违约风险的形式来进行分析。在对企业债务违约风险的预警模型研究中,潘泽清(2018)的研究表明企业的销售净利率和总资产增长率同企业债务违约的风险呈负相关,资产负债率和流动负债比率同企业债务违约的风险呈正相关。Logistic 回归模型为:

$$p(y=1)=\frac{1}{1+e^{11.485+0.033x_1+2.884x_2-0.119x_3-0.062x_4}}$$

其中,$y=1$ 表示债务违约,x_1 表示销售净利率,x_2 表示总资产增长率,x_3 表示资产负债率,x_4 表示流动负债比率。将各企业各时间的四个指标带入 Logistic 回归模型中,得到各企业各时间段的债务违约风险大小,计算各时间段的均值,如表 7-6 所示。在周期叠加强且处于下行的 2013—2015 年,各企业债务违约风险均值最大,即各企业债务违约风险较大,但在同样周期叠加强,但是处于上行的 2005—2007 年,各企业的债务违约风险更小,而在周期叠加弱的 2016—2018 年,其债务违约风险处于两者之间。

表 7-6　　　　　　　各区间债务违约风险值对比

区间	2005—2007 年	2013—2015 年	2016—2018 年
债务违约风险均值	0.2046	0.2158	0.2087

7.4　本章小结

剖析经济周期和行业周期,研究企业债务风险、周期叠加强化效应下企业债务风险与防控举措具有重要性。本章研究发现,经济周期和房地产行业周期异质与相似并存,多个区间存在周期叠加,叠加强化效应下房地产企业债务风险表现出差异性;相对于非叠加上升阶段,房地产企业在经济周期和行业周期的叠加强化上升阶段企业债务风险水平整体相对更低,企业债务风险与复杂周期联系紧密。处于上行的周期叠加区间的企业债务违约风险会低于处于下行的周期叠加区间。

研究启示如下：

（1）企业应充分认识复杂环境对微观主体行为的影响，认识宏观经济、中观行业的周期综合特征，更深入地理解企业主体行为，能更有效地进行战略优化管理。房地产企业应认识在复杂环境下多周期叠加存在强化效应，有利于企业精细化管理并分层次分类别配置债务资源，以防控债务风险。

（2）行业部门应深入了解行业间发展规律，在考虑行业内外部环境的基础上制定相关政策，制定行业规划，促进行业的健康发展。房地产行业及其他行业需要科学配置行业债务结构，防控行业中的债务风险。

（3）企业应加强企业债务风险管理。首先，企业需要提高内部管理人员对债务风险管理的认识，使他们深刻意识债务风险管理对企业发展的重要性，从企业总体层面关注外部复杂环境可能引致的重大风险领域，建立合理的债务风险管理责任制度。其次，企业应努力做好债务风险控制的管理工作，有条件的大型企业可在财务部门单独设立债务风险管理小组，建立和完善企业债务风险评价指标体系，与银行等保持联系、注意偿债风险监控。最后，企业家根据宏观经济形势制定企业发展战略，制定风险防范的应对策略，保证企业在风险性投资过程中能够及时有效地运用应急措施和方案。

（4）相关主体可参与债务风险高的企业的治理。政府、信贷机构、行业协会等主体可以对企业进行分类监控，债务风险高的企业应建立更加有针对性的信贷制度，充分评估其债务风险，防止其债务风险进一步加剧；对于实在无力偿还债务且效益很差的企业，可进行破产清算或兼并重组；对于债务风险暂时较高，但前景较好的企业，可给予适当的资金支持，鼓励多种可行的融资方式。具有不同行业特点的企业有其适合的融资方式,探索市场化债转股的多种形式,相关主体可对这些企业进行联合治理并防控债务风险。

(5) 处于下行的周期叠加区间的企业债务违约风险较高,相关主体需要对其加强宏观和行业周期叠加的管理,进一步防控企业风险,加强风险管理。

第8章　基于蒙特卡罗方法的企业债务风险防控分析

8.1　引言

　　利用综合指标分析企业债务风险防控及预警方面的文献较少,基于问题的重要性,本书探寻企业债务风险的多指标特征,探寻短期和长期债务风险的形成机理,利用蒙特卡罗方法,筛选可靠、稳定的债务风险衡量指标,将其应用到债务信息披露制度,进而构建行业和企业债务风险预警机制,发挥预测和决策建议作用。本书的可能贡献之处包括:探索企业债务风险的指标特征和复杂性;探寻短期和长期债务风险的形成机理;筛选可靠、稳定的偿债能力衡量指标,为构建行业和企业债务风险预警机制提供依据,进而为相关主体深刻理解企业债务风险及风险防控提供依据。

8.2　衡量企业债务风险的指标分析

　　要建立债务风险预警机制,首先要分析企业债务风险的相关指标,分析不同指标在体系中的作用和影响,筛选出稳定、可靠的指标作为主要参考依据。为更好分析问题,本书将企业债务风险分为短期债务风险和长期债务风险指标。

8.2.1 短期债务风险衡量指标

(1) 流动比率,即企业流动资产与流动负债的比率。该比率的标准值一般在 2。

(2) 速动比率,即企业速动资产与流动负债的比率。通常认为速动比率的标准值为 1,低于 1 的速动比率表现出短期偿债能力偏低。

(3) 现金比率,即企业现金类资产与流动负债的比率。该指标的标准值一般在 30%为宜。

8.2.2 长期债务风险衡量指标

(1) 利息保障倍数,即企业息税前利润与利息费用的比率。利息保障倍数是企业衡量其偿债能力强弱的主要指标。根据稳健性原则,利息保障倍数一般不低于 1。

(2) 资产负债率,即企业的负债总额与资产总额的比率。该指标可以反映一个企业总体的债务水平,一般认为资产负债率的适宜水平是 40%~60%。

(3) 产权比率,即负债总额与所有者权益总额的比率。该指标可以影响企业债务的财务杠杆效应,其标准值一般为 100%,低于 100%表明企业有一定的偿债能力。

(4) 有形净资产负债率,即负债总额与有形净资产的比例。该指标可以表示公司有形净资产对债务的偿还保障,该比率越低,表明企业长期偿债能力越强,一般企业的产权比率的标准值为 1∶2。

8.3　行业与企业的数据分析

首先,本书选取全国、地区、行业的数据进行比较分析,计算相关指标,评估异质债务风险水平。其次,确定特定行业,选取该行业的具体企业,选取企业数据,比较行业与企业数据,分析债务水平,探寻短期和长期债务风险的形成机理。最后,利用蒙特卡罗方法,筛选出与实际值偏差较大的不稳定指标,依据指标的稳定程度对参考指标进行排序,进而分析行业、企业的债务风险水平,为构建行业和企业债务风险预警机制提供依据,并提出相关建议。

8.3.1　行业数据比较分析

1. 选取行业数据

选取不同行业进行研究,其行业代码分别为:C26 表示化学原料和化学制品制造业,B09 表示有色金属矿采选业,G54 表示道路运输业。本章数据主要来自 CSMAR 数据库,根据截至 2017 年度的数据,重庆地区上述行业数据总数为 1 871 个,全国范围内的数据总数为 138 751 个。本章分别对异质行业的短期、长期债务风险指标进行比较,比较重庆地区与全国相关数据特征,如表 8-1 和表 8-2 所示。

表 8-1　　　　　　　　　重庆地区行业数据

指标	流动比率	速动比率	现金比率	利息保障倍数	资产负债率	有形净资产负债率	产权比率
化学制品制造业	1.65	1.33	0.48	12.49	45.61%	46.65%	85.28%
有色金属矿采选业	1.98	1.85	0.89	−2 893.34	40.22%	40.72%	14.98%
道路运输业	5.36	4.62	3.73	2.74	55.32%	55.62%	127.39%

表 8-2 全国范围的行业数据

指标	流动比率	速动比率	现金比率	利息保障倍数	资产负债率	有形净资产负债率	产权比率
化学制品制造业	6.66	6.28	1.02	15.04	42.92%	45.24%	145.33%
有色金属矿采选业	12.89	12.56	5.16	−114.09	38.98%	43.79%	98.98%
道路运输业	2.13	1.95	0.95	73.35	40.57%	53.11%	86.71%

本章再进行重庆地区与全国相关行业数据的无偏性分析,得出表 8-3 至表 8-8。

表 8-3 化学制品制造业的全国数据无偏性分析图

	Graph	Minimum	Maximum	Mean	Std. Deviation	5%	95%	Count
流动比率		−148.01	55 231.25	6.66	429.37	0.417	7.78	16 819
速动比率		−141.09	55 231.25	6.28	429.37	0.273	6.85	16 819
现金比率		−56.18	242.20	1.02	3.58	0.0219	3.75	14 484
利息保障倍数		−158 368.50	166 626.50	15.04	2 977.30	−55.21	45.95	16 787
资产负债率		0.0000	4.1261	0.4292	0.2733	0.0830	0.7940	16 829
有形资产负债率		0.0000	4.3576	0.4524	0.2869	0.0859	0.8427	16 829
产权比率		−477.39	6 300.25	1.45	49.40	0.0717	3.00	16 826

表 8-4　　化学制品制造业的重庆地区数据无偏性分析图

	Graph	Minimum	Maximum	Mean	Std. Deviation	5%	95%	Count
流动比率		0.075	8.2077	1.6479	1.2721	0.4054	3.0653	198
速动比率		0.0434	7.0864	1.3342	1.1455	0.1891	2.1897	198
现金比率		5.21%	253.03%	48.50%	46.84%	8.82%	127.67%	125
利息保障倍数		−89.22	1 745.75	12.49	127.18	−5.11	18.03	189
资产负债率		24.46%	164.09%	45.61%	19.91%	26.51%	78.26%	198
有形资产负债率		25.38%	166.50%	46.65%	20.24%	27.10%	78.26%	198
产权比率		−1 372.4%	773.0%	85.3%	150.5%	35.3%	261.4%	198

表 8-5　　有色金属矿采选业的全国数据无偏性分析图

	Graph	Minimum	Maximum	Mean	Std. Deviation	5%	95%	Count
▶ 流动比率		0.00355	2 227.22	12.89	92.14	0.403	22.24	1 542
速动比率		0.00355	2 227.22	12.56	92.16	0.208	22.21	1 542
现金比率		−0.0240	487.78	5.16	30.57	0.00367	13.47	1 461
利息保障倍数		−130 869.76	54 138.90	−114.09	5 894.57	−146.96	88.80	1 540
资产负债率		0.000166	10.082	0.390	0.337	0.0170	0.751	1 542
有形资产负债率		0.000166	10.093	0.438	0.364	0.0172	0.867	1 542
产权比率		−1.110	13.825	0.990	1.258	0.0171	3.017	1 542

表 8-6　有色金属矿采选业的重庆地区数据无偏性分析图

	Graph	Minimum	Maximum	Mean	Std. Deviation	5%	95%	Count
流动比率		0.0251	7.0309	1.9752	1.7387	0.0465	5.5981	39
速动比率		0.0251	6.5832	1.8510	1.6309	0.0465	5.2211	39
现金比率		0.00600	5.2718	0.8922	1.2011	0.0132	3.7017	39
利息保障倍数		−89 516.73	11 712.27	−2 893.34	14 867.02	−18 233.23	1 218.98	39
资产负债率		0.0107	10.082	0.402	1.593	0.0136	0.306	39
有形资产负债率		0.0107	10.093	0.407	1.594	0.0136	0.331	39
产权比率		−1.1101	0.4412	0.1498	0.2350	0.0108	0.3735	39

表 8-7　　　　　　道路运输业的全国数据无偏性分析图

	Graph	Minimum	Maximum	Mean	Std. Deviation	5%	95%	Count
流动比率		0.00920	192.17	2.13	5.58	0.263	7.56	1 828
速动比率		0.00920	192.17	1.95	5.47	0.240	7.28	1 828
现金比率		0.000	95.870	0.951	3.038	0.0389	3.632	1 678
利息保障倍数		−7 231.20	146 608.83	73.35	3 447.86	−53.95	36.52	1 827
资产负债率		0.0000	0.87465	0.40574	0.17262	0.09235	0.69787	1 829
有形资产负债率		0.0000	3.6572	0.5311	0.3966	0.0968	1.2863	1 829
产权比率		0.00243	6.9774	0.8671	0.7144	0.1023	2.3098	1 828

表 8-8   道路运输业的重庆地区数据无偏性分析图

	Graph	Minimum	Maximum	Mean	Std. Deviation	5%	95%	Count
▶流动比率		1.716	11.823	5.362	2.734	2.292	10.330	42
速动比率		0.9830	10.1088	4.6222	5.5179	2.1219	8.7973	42
现金比率		0.6448	8.8516	3.7290	1.9961	1.7278	7.1242	42
利息保障倍数		1.8569	4.2875	2.7442	0.6362	2.0177	3.8271	42
资产负债率		0.46606	0.64261	0.55325	0.05645	0.47080	0.63141	42
有形资产负债率		0.46606	0.64733	0.55619	0.05808	0.47080	0.63619	42
产权比率		0.87285	1.79803	1.27391	0.28994	0.88965	1.71307	42

通过表 8-1、表 8-2 的数据比较得知：

（1）重庆地区化学制造业的短期债务衡量指标普遍低于全国水平。在长期债务衡量指标上，重庆地区该行业的利息保障倍数和产权比率低于全国水平，资产负债率和有形净资产负债率要高于全国比率。这表明重庆地区该行业的偿债能力较弱，现金流不足，长期债务水平偏高，总体债务风险高于全国同类水平。

（2）重庆地区有色金属矿采选业的短期债务指标水平仍要低于全国水平，而在长期债务指标方面，尤其注意到利息保障倍数，重庆地区该行业的数值要远低于全国水平，可见该行业在重庆地区的债务利息过高，此行业需要重点关注债务带来的还本付息压力，尤其注意债务风险的防控。

（3）重庆地区的道路运输业的短期债务相关数值普遍高于全国数值，表明该行业在重庆地区的短期偿债能力较好。但是长期债务指标中利息保障倍数较低，资产负债率、有形净资产负债率、产权比例要高于全国比率，表明需要偿还债务还较多。总体而言，重庆地区的道路运输业短期债务风险偏低，但长期债务风险是较高的，需要综合比较。

2. 比较不同行业债务风险水平

（1）通过表 8-1 得知，道路运输业相关指标的均值普遍高于另外两大行业。从短期债务风险指标看，道路运输行业的流动比率、速动比率、现金比率在三个行业里面是较好的，表明该行业可用于偿付短期负债的资产较为充足，短期偿债能力强，行业的短期流动性风险比较小，债权人的资金安全较高。从长期债务风险指标看，道路运输业的相关指标也在标准值范围左右，长期债务风险总体可控，整体债务风险不高。

（2）有色金属矿采选业的各项指标中，其利息保障倍数的行业均值呈负数，且数值异常低，经过查询数据可知，该行业中某企业 2013 年度的利息保障倍数尤其低，出现了 −18 233.23、−89 516.73 等异常数据。结合相关数据推测,该企业的经营出现问题,债务利息非常高,企业的盈利、资金能力严重不足,没有足够能力来支付债务利息,可能会影响债权人对于偿债安全性与稳定性预期,所以此行业的企业应该注意债务风险,排查造成债务风险高的因素。

(3) 比较来看,化学制品制造业和有色金属矿采选业的现金比率都小于1,道路运输业的现金比率要远高于1。这表明道路运输业的短期偿债能力最强,也反映出道路运输业的流动资产可能并没有被充分合理地利用,现金类资产的运营能力相对于其他行业而言偏低,该比率过高会使企业经营的机会成本增加,企业的未来盈利能力受到影响。总体而言,道路运输业的偿债能力最强,债务风险低,有利于债务风险防控;其次为化学制品制造业,其短期债务风险较低,有一定长期债务风险,在以后经营过程中要注意该行业资本结构调整,要以优化债务结构为主线,有序化解存量债务,提升发展质量和效率;最后为有色金属矿采选业,其长期债务风险较大,尤其是支付债务利息的能力弱,债务风险高会影响该行业发展,需强化债务管理,严格控制增量债务并化解存量债务,防控债务风险。

8.3.2 具体分析某行业及公司的债务风险

1. 分析行业短期偿债能力

在对不同行业进行对比分析后,本书选取行业债务风险居中的化学制品制造业进一步分析,选取重庆地区的化学制品制造业,共有1 304个数据,在此大样本基础上,再对比各指标的标准值,进行短期债务风险分析。

表 8-9 重庆地区化学制品制造业短期偿债指标

指标	流动比率	速动比率	现金比率
行业平均值	1.65	1.33	48.50%

指标	流动比率	速动比率	现金比率
低于平均值的数据个数(个)	99	98	79
低于平均值的数据比例	0.50	0.49	0.40

（1）从表 8-9 得知，流动比率的行业平均值为 1.65，该平均值处于较合理水平，表明该行业的企业具有一定的偿债能力，也表明具备该行业特点的企业分配在流动资产上的资金不多，可能影响正常的资金利用。在该行业中，低于行业平均流动比率的数据占 50%，且大多数都集中在 1995—1997 年、2007—2009 年这两个时间段，说明该行业在这两个时间段内现金周转能力下降，流动资产的偿债能力下降，短期债务风险有所增加。

（2）速动比率的行业平均值为 1.33，高于标准值 1。一方面，表明该行业在经营过程中会产生较多的应收账款；另一方面，结合流动比率可知，该行业总体的变现能力较强，短期偿债能力偏强。在样本数据中，低于行业平均速动比率的数据占比约 50%，和流动比率出现问题的时间段基本一致，表明在这段时间内，该行业经营不景气，存货滞销、企业收入减少、流动资产占比下降，进而使企业现金周转能力变弱，此时面临的短期债务风险较大。

（3）现金比率的行业平均值为 48.50%，略高于标准值 30%，说明该行业总体的直接偿付流动负债的能力较好，出现现金短缺而产生短期债务危机的可能性较小。但也要注意，现金比率也不能过高，行业内各企业应注意控制比例，该比率太高可能也是因为企业流动资产运用不恰当、流动资产运营能力不够、现金类资产获利能力低等原因。所以，企业既要应对债务风险，又要避免资金过度无效占用。

2. 分析行业长期偿债能力

本书选取三个行业的长期债务数据指标共 783 个数据，分析企业长期偿债能力的四个指标。

表 8-10　　　　重庆地区化学制品制造业长期偿债指标

指标	利息保障倍数	资产负债率	有形净资产负债率	产权比率
行业平均值	12.49	45.61%	46.65%	85.28%
低于平均值的数据个数(个)	175	118.00%	120.00%	124.00%
低于平均值的数据比例	88.38%	59.60%	60.61%	62.63%

（1）从表 8-10 得知，利息保障倍数的行业平均值为 12.49，远高于标准值 1，经过分析数据得知，该平均值主要受到 2015 年某企业高涨的利息保障倍数值的影响，即该企业拉高了整个行业的平均值。同时也要看到，低于平均值的数据比例占 88.38%，过高利息保障倍数一般是个别现象，该行业大多数企业的利息保障倍数是较为正常的，一般从事该行业的企业普遍息税前利润较高，企业支付利息的能力较强，对长期偿债能力有保障。

（2）资产负债率的行业平均值为 45.61%，处于该指标标准值 40%～60% 范围之内。它表明该行业经营过程中负债的比例较为合理，该行业的筹资方式较多，负债筹资只是其中之一，且长期债务风险是在可控范围之内。

（3）有形资产负债率的行业平均值为 46.65%，表明该行业的负债率较低，该行业的发展主要依靠自有资金和股权融资，对负债的依赖较小，行业的财务状况较为稳定，长期债务风险也较低。

（4）产权比率的行业平均值为 85.28%，在所有指标中处于偏高状态，且高于设置的标准值。该平均水平反映出该行业债权资本占股权资本的比率较高。若剔除通货膨胀影响，该行业可能吸收的股权资本比债务资本少，债权人投入该行业的资本受到所有者权益的保障程度不高，或者说企业清算时对债权人利益的保障程度不高。因此，该行业的企业要在股权资本方面防范未来可能出现的长期债务风险。

3. 企业样本数据的描述分析

在选取化学制品制造业为研究的行业的基础上,本书又选取该行业在重庆地区的某企业作为研究对象,选取该企业 1994—2017 年的财务数据,主要研究该企业的短期偿债能力、长期偿债能力,并结合行业平均值来分析该企业可能面临的短期及长期债务风险。研究发现该企业存在异常数据:利息保障倍数在 2017 年 9 月 30 日的数值为 1 745.75,也许是在此经营阶段企业经营取得显著收益,利润上升较大,同时企业借款利息费用极低,造成利息保障倍数过大。产权比率在 2008 年 3 月至 2009 年 9 月常出现数值超过 150% 的情况,可能是因为在这一经营阶段该企业举债经营程度较高,风险程度较高,财务结构不是很稳定。相关指标的波动性为后续债务风险预警提供了依据。

将企业与行业指标数据对比我们发现:对于三大短期债务指标,企业水平都要高于行业平均水平,说明在短期债务风险方面,该企业的债务风险在行业短期债务风险之下。对比四个长期债务风险指标,企业水平与行业水平大体一致,说明在长期经营中企业的发展情况与行业发展状况趋于一致,行业发展向好,企业收益也较好,预期偿债能力也能保障,行业和企业的长期偿债风险处于可控范围内。

8.4 进行蒙特卡罗模拟分析

本章利用蒙特卡罗应用概率分布方法,进行指标数值分布的模拟实验。在模拟实验中使用蒙特卡罗分析软件"Risk for Excel",通过对行业数据及公司数据的分析,得到概率分布图。

8.4.1 对行业及样本数据进行蒙特卡罗分析

利用软件工具得出的样本期望数据和利用统计方法计算的均值

数据具有一致性,输出的分布图(见表 8-11 和表 8-12)可以更加直观地看到数据分布情况。

表 8-11　　　　　　　　某公司的指标数据分布图

	Graph	Minimum	Maximum	Mean	Std. Deviation	5%	95%	Count
流动比率		57.38%	820.77%	211.23%	126.37%	95.08%	582.77%	137
速动比率		39.92%	708.64%	175.00%	113.75%	72.18%	526.43%	137
现金比率		8.82%	253.03%	56.59%	48.25%	14.09%	128.88%	102
利息保障倍数		−8 922%	174 575%	1 755%	15 082%	−222%	2 401%	134
资产负债率		24.456%	65.473%	38.177%	10.508%	26.112%	60.708%	137
有形资产负债率		25.382%	69.772%	39.305%	11.321%	26.665%	64.334%	137
产权比率		32.37%	189.63%	67.74%	36.29%	35.54%	154.51%	137

表 8-12   化学制品制造业的指标数据分布图

	Graph	Minimum	Maximum	Mean	Std. Deviation	5%	95%	Count
流动比率		7.45%	820.77%	164.79%	127.21%	40.54%	306.53%	198
速动比率		4.34%	708.64%	133.42%	114.55%	18.91%	218.97%	198
现金比率		5.21%	253.03%	48.50%	46.84%	8.82%	127.67%	125
利息保障倍数		−8 922%	174 575%	1 249%	12 718%	−511%	1 803%	189
资产负债率		24.46%	164.09%	45.61%	19.91%	26.51%	78.26%	198
有形资产负债率		25.38%	166.50%	46.65%	20.24%	27.10%	78.26%	198
产权比率		−1 372.4%	773.0%	85.3%	150.5%	35.3%	261.4%	198

8.4.2 比较行业数据与样本数据

表 8-13 重庆地区化学制品制造业短期偿债指标

指标	流动比率	速动比率	现金比率	利息保障倍数	资产负债率	有形净资产负债率	产权比率
某企业	2.11	1.75	56.59%	17.55	38.18%	39.30%	67.74%
行业	1.65	1.33	48.50%	12.49	45.61%	46.65%	85.28%

对行业均值数据和样本数据进行对比,通过表 8-13 分析得知:

(1)流动比率。某企业均值 2.11 要高于行业均值 1.65,且两者都处于一般标准范围内,即该企业资产的变现能力较强,在其短期债务到期前,企业流动资产可偿还负债,基本能够保障企业的流动负债全部得到偿还。

(2)速动比率。某企业均值 1.75 高于行业均值 1.33,即企业良好的短期偿债能力处于行业平均水平之上,企业在整体行业中的短期偿债能力较好。

(3)现金比率。某企业均值 56.59% 仍然高于行业均值 48.5%,表明企业的现金能力较好,此类企业更受到债权人的欢迎。

(4)利息保障倍数。某企业数据中的平均值为 17.55,行业平均水平为 12.49,样本数据的利息保障倍数较高,结合前面描述的异常数据说明,可知该行业及企业的借款利息都不是很多,企业经营成果足以偿付负债产生的利息支出。

(5)资产负债率。某企业数据中的平均值为 38.18%,行业平均水平为 45.61%,样本数据和总体数据都处于正常标准范围之内,说明该公司总体的债务水平较适中,没有过高的债务负担。

(6)产权比率。样本数据中的平均值为 67.74%,行业平均水平为 85.28%,与行业均值数据相比,我们从中可以看出企业在长期经营过程中财务结构不太稳定,自有资金还不充足,需要在未来注意平衡负债与所有者权益之间的关系。

（7）负债与有形净资产比率。样本数据中的平均值为 39.30%，行业均值为 46.65%，企业和行业数据都处于较低水平，结合前述数据可知，该企业负债并没有过高以至于超过企业的承担能力，间接表明有形净资产价值较高，对债权人权益有较好保障。

8.4.3　进行无偏估计

基于蒙特卡罗方法，利用无偏估计法，分析样本空间分布情况，表 8-11 和表 8-12 中 Std.Deviation 数值表示标准偏差值，值越小一定程度表明数据越稳定。通过表 8-11 和表 8-12 可知：

（1）对于短期偿债能力指标，某企业数据中流动比率和速动比率参数的偏离较大（偏离值分别为 126.37%、113.75%），行业数据中这两个指标参数的偏离程度也较大（偏离值分别为 127.21%、114.55%），即该行业的流动资产变动较频繁、不够稳定，因此在构建债务风险预警体系时，这两大短期债务风险衡量指标的参考权重应相对较低。

（2）现金比率在所有短期债务指标中企业及行业的偏差是最小的（偏差值分别为 48.25%、46.84%），说明该指标较稳定，作为短期偿债能力衡量指标中稳健的现金比率更具参考价值，在不考虑企业经营销售情况和持有的应收款项情况下，企业能给债权人最低的保障水平，能体现出企业直接偿付流动负债的能力。而且，该企业及行业期望值在标准值 30% 左右。综合上述分析得知，现金比率可作为蒙特卡罗方法中最为稳定的指标参考值，纳入短期债务风险预警体系并作为首要参考指标。

（3）对于长期偿债能力指标，某企业数据及行业数据中利息保障倍数、产权比率参数的偏离较大（利息保障倍数偏离值为 15 082%、12 718%；产权比率参数偏离值为 36.29%、150.5%）。因此，这两项指标在企业及行业整体的经营周期内,处于不太稳定的状态,这种不稳定的数值受经营环境和企业资金组成的影响较大、波动较大,并不能够较好地反映企业负债经营中承担的长期债务情况、可能出现的状况和将会面临的长期债务风险。故本章将这两项衡量长期债务风险的指标排在后面,不作为长期债务预警体系中的最主要参考指标。

(4)资产负债率和有形净资产负债率在所有长期债务指标中,样本企业及行业期望值与真实期望值的偏差最小(资产负债率偏差为 10.508%、19.91%;有形净资产负债率偏差为 11.321%、20.24%)。资产负债率可以直接反映出负债总体情况;有形净资产负债率则是在进一步剔除了不能用于偿债的无形资产后的企业偿债能力指标,可以更加稳健地反映企业对长期债权人的保障能力。这两项指标相结合可以综合评价公司的负债水平和偿债能力,较为稳定的数据特征能给公司管理层及债权人提供稳定的参考指标,让长期债务风险预警机制运行平稳、预估有效,让债权人对公司负债情况有更多了解,可增强债权人的信心。故可将这两项指标纳入蒙特卡罗模拟实验筛选的长期债务风险预警体系,并作为重要参考指标。对比企业及行业情况,可以看出某企业的现金盈利能力和现金能力要高于行业平均水平,但其平均债务水平要高于行业债务水平,企业的债务水平和所有者权益有待调整与缓和。但总体而言,受整体行业利好影响,该企业的经营前景仍然较好,其债务风险适中,公司净资产的偿债能力较强,公司自有资金也有偿债保障,在未来的经营过程中债务风险处于可控范围内。基于前述分析,企业可利用相关指标建立债务风险预警体系,对相关敏感性指标进行全方位实时监控,同时调整相关政策,有利于企业防控企业债务风险。

8.5 本章小结

本章通过分析行业及公司债务风险的表现形式,选取多项指标作为债务风险衡量指标,构建研究行业及公司债务风险预警体系。首先,运用行业与公司均值比较方法,得出企业相对于行业的总体债务风险水平;其次,利用蒙特卡罗应用概率分布方法,挑选出企业及行业数据中参数期望值与真实值偏差较大的多项指标,提出按不同的权重比排序不同指标在预警体系中的位置和作用,以保证债务风险预警体系的可靠性和稳定性。通过探寻企业债务风险的多指标特征,探寻短期和长期债务风险的形成机理,利用蒙特卡罗方法,筛选可靠、稳定的债务风险衡量指标,将其应用到债务信息披露制度,进而构建行业和企业债务风险预警机制,发挥预测和决策建议作用。综上所述,对行业及企业在建立债务风险预警体系以及风险防控举措方面提出以下建议:

(1) 共同考虑短期与长期债务风险预警体系。行业或企业在建立债务风险预警体系时,可将其分为短期债务风险预警体系和长期债务风险预警体系,这两大体系相互联系、相互影响,共同决定着行业或企业未来的风险结构和风险水平,也对企业融资结构有着参考性意义。不同体系有不同的衡量标准,且各类标准在体系中所占权重也有所不同,在运行时需将各类指标按其重要性程度排列,以便更有侧重性地提出预警建议。

(2) 结合实际为体系内指标分配不同权重。依据研究结论,不论对于行业还是企业,在短期债务风险预警体系中,首先考虑的指标是现金比率,其次为速动比率、流动比率,以拥有流动资产的企业作为重要对象;在长期债务风险预警体系中,可依次考虑的指标为资产负债率、有形净资产负债率、产权比率、利息保障倍数。依据行业差异并结合企业实际,指标分配存在异质权重,要实时关注企业的资金结构,权衡企业权益和债务比例,优化债务结构,分析短期债务和长期债务的偿还情况,做到债务风险防控的短期性和长期性,发挥预测与预警作用。

（3）定期检查更新预警体系。由于市场一直处于变化中，市场环境变化也会引起企业经营成果和财务数据的变化。为更好地适应变化莫测的资本市场，企业应该定期更新数据库，定期进行蒙特卡罗方法的模拟实验，用来检测现有债务风险预警体系内的各项指标是否仍然稳定、可靠。若发生变化，则要作出相应调整，只有定期地衡量预警体系内各指标的稳定值，才能维持该体系的长期可靠性，为企业长远发展发挥高质量预警作用。

第 9 章 基于层次分析法的企业债务风险指标构建与风险防控分析

9.1 引言

《2019 年降低企业杠杆率工作要点》指出，进一步完善企业债务风险防控机制。这表明研究企业债务风险防控具有重要意义。企业债务风险会引发价值波动并影响企业生存，因此，企业债务风险指标的构建与风险评估分析具有重要意义，本书运用层次分析法建立企业债务风险评价指标体系，通过模型分析并引入案例来判断相关企业债务风险的复杂性，从实例的年度动态视角分析企业债务风险高低变化，进而从企业内部和企业外部提出防范企业债务风险的举措。现有文献对企业债务风险研究很少，而基于综合指标构建企业债务风险方面文献更少，故本书运用层次分析法对债务风险进行指标构建与风险评估分析，贡献之处是探索企业债务风险的指标特征和复杂性，通过模型分析并用实例年度动态剖析债务风险变化，进而为相关主体深刻理解企业债务风险及风险防控提供依据。

9.2 企业债务风险评估层次分析

9.2.1 企业债务风险评估层次结构模型构建

本书通过层次分析法，把企业债务风险分成偿债风险、结构风险和违约风险三个部分，构建企业债务风险评价指标体系，如表 9-1 所示。具体数据主要来自 CSMAR 数据库。

表 9-1　　　　　　企业债务风险评价指标体系

企业债务风险 A	偿债风险 B1	资产负债比率 C1
		流动比率 C2
	结构风险 B2	短期借款占全部借款比 C3
		短期借款与长期借款总和占总负债比 C4
		预收账款、应付账款、应付票据总和占总负债比 C5
	违约风险 B3	利息保障倍数 C6
		现金流利息保障倍数 C7

企业债务风险评价指标相关内容导入至 yaahp 软件中构建模型，如图 9-1 所示。模型第一层是决策目标层，A 是企业债务风险；第二

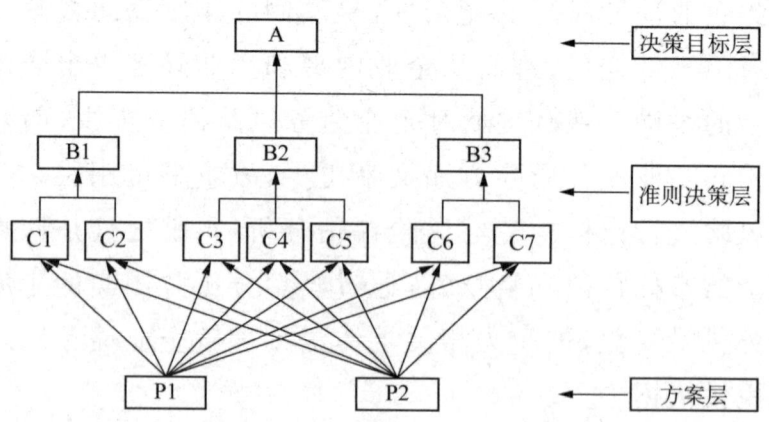

图 9-1　企业债务风险评价指标体系

层是准则决策层,设了三个一级指标 B1、B2、B3,分别代表偿债风险、结构风险和违约风险,同时在这三个要素下又分设相应的七个二级指标;第三层是方案层,P1 代表短期偿债能力,P2 代表长期偿债能力。

企业债务风险评价指标体系分析如下。

(1)偿债风险。资产负债比率=负债总额(长期负债+短期负债)÷资产总额×100%,该指标主要用于反映企业总资产中有哪些资产是采用债务方式筹资,衡量企业负债水平的高低。该指标属于反向指标,债务人总希望该指标越低越好,资产负债比率越低表明债务人的权益被保障的程度越高。一般来说,该指标应低于 75%;如果超过 1,则表明债务人已经出现资不抵债,正处于破产的边缘。

流动比率=流动资产÷流动负债,该指标主要衡量企业流动资产在短期债务到期以前,可以变现或偿还负债的能力。流动比率是一个正向指标,一般说来,该比率越高,表明企业资产的流动性越强,则变现能力就越强,当然企业的短期偿债能力也越强。对于大多数企业来说,流动比率应大于2。

(2)结构风险。短期借款占全部借款比=短期借款÷全部借款×100%,该指标可反映企业债务内部的负债结构比。若短期借款占全部借款比越高,说明企业应该更注重提升企业自身的短期偿债能力;反之,若长期借款占比更高,那么企业应该更注重长期偿债能力。

短期借款与长期借款总和占总负债比=(短期借款+长期借款)÷负债总额×100%,该指标反映企业借款总额占总负债的比重。一般借款需要支付利息,而应付账款、应付票据等商业信用负债不用支付利息。所以,在一定程度上,它可以看出企业债务的结构风险大小。

预收账款、应付账款、应付票据总和占总负债比=(预收款项+应付账款+应付票据)÷负债总额×100%,该指标可作为企业评估资金结构合理性的一种正向指标,由于企业应付账款、预收款项、应付票据属于商业信用负债,企业并不用支付利息,所以对企业而言,该项指标越高,企业面临偿债风险就相对越小。

(3)违约风险。利息保障倍数＝(净利润＋财务费用)÷财务费用×100%,该指标可以反映企业营业收入与企业所需要支付利息的比率,其为正向指标,比值越高,代表企业长期偿债能力越强。其重点是衡量企业支付利息的能力,如果一个企业没有足够多的息税前利润,就可能到期不能支付足额利息,所以该指标既是债务人考虑举债经营的前提,也是判断企业长期偿债能力大小的重要因素。对各大企业而言,该指标至少应超过1,才能有效维持企业的正常偿债能力。

现金流利息保障倍数＝经营活动产生的现金流量净额÷财务费用×100%,该指标也为正向指标,与利息保障倍数相比,它的计算结果更可靠,因为实际用以支付利息的是现金,而不是企业的收益。

9.2.2 构造判断矩阵并确定各项指标权重

层次分析法中最重要的环节就是构造判断矩阵,为了有效而准确地解决目标问题,应将各指标进行比较与赋值。这里的判断矩阵就是在层次分析法的信息基础上,通过赋值的方式,用数值表示各层次指标间的相对重要性,最后写成矩阵形式。

目前,权属确定的方法主要采用专家咨询的经验判断法,但为提高准确性,采用层次分析法确定权重,再利用 yaahp 软件构造判断矩阵,加上数学处理,这样会让各层指标之间的重要程度具有更严密的逻辑性,增强数据和结论的可靠性。

各层指标需要两两进行对比,通过 saaty 的 1~9 标度自定义判断,确定各指标的相对重要性,进而运算出每个指标的权重分配值。每个指标的判断矩阵和权重计算的结果如表 9-2 所示。其中,n 表示要素个数,λ_{max} 表示最大特征根,W_i 表示的是归一化后的最终权重,i 和 j 则分别表示行和列。通过相应指标两两的乘积来确定指标层对企业债务风险的评价指标的组合权重,由此可以得出各层对企业债务风险的重要程度。

表 9-2 标度定义表

标度 X_{ij}	表示
1	X_i 与 X_j 具有一样的重要程度
3	X_i 与 X_j 相比稍微重要
5	X_i 与 X_j 相比明显重要
7	X_i 与 X_j 相比强烈重要
9	X_i 与 X_j 相比极端重要
2,4,6,8	X_i 与 X_j 相比存在于两个相邻等级之间
1,1/2……1/9	X_i 与 X_j 相比的重要性标度

随机一致性指标 RI 表如表 9-3 所示。

表 9-3 随机一致性指标 RI 表

n	1	2	3	4	5	6	7	8	9	10	11
RI	0	0	0.58	0.9	1.12	1.24	1.32	1.41	1.45	1.49	1.51

1. 准则决策层对企业债务风险的影响

表 9-4 准则决策层对企业债务风险的影响

指标	B1	B2	B3	W_i	λ_{max}	一致性检验
B1	1	3	5	0.6370	3.0385	$CI=(\lambda_{max}-n)/(n-1)=0.0193$
B2	1/3	1	3	0.2583		$CR=CI/RI=0.0332<0.1$ 通过一致性检验
B3	1/5	1/3	1	0.1047		

由表 9-4 可以看出,根据标度定义表对判断矩阵进行赋值,再进行计算,可以直观反映 B1(偿债风险)对企业债务风险的影响最大,所

占权重为 0.6370；其次是 B2（结构风险），所占比重为 0.2583；最后才是违约风险，所占比重为 0.1047。所以，在准则决策层中，偿债风险是影响企业债务风险最大的一个因素，防控企业债务风险重点关注的就是企业的偿债风险。

2. 偿债风险指标下各指标的影响

表 9-5　　　　　偿债风险指标下各指标的影响

指标	C1	C2	W_i	λ_{max}	一致性检验
C1	1	3	0.7500	2.0000	$CI=(\lambda_{max}-n)/(n-1)=0$
C2	1/3	1	0.2500		CR=CI/RI=0<0.1 能通过一致性检验

由表 9-5 可以看出，偿债风险指标下 C1（资产负债比率）对企业偿债风险的影响较大，所占比重为 0.75；流动比率对企业偿债能力影响次之，所占比重只有 0.25。这是由于流动比率主要是用来衡量一个企业短期偿债能力的指标，只需要计算企业流动资产和流动负债的部分，而资产负债率的计算需要包括企业的所有资产和所有负债，这就更能体现在清算时，企业能够保护债权人利益的最大程度。所以，在偿债风险的子决策层中，我们应该更加关注企业的资产负债比率。

3. 结构风险指标下各指标的影响

表 9-6　　　　　结构风险指标下各指标的影响

指标	C3	C4	C5	W_i	λ_{max}	一致性检验
C3	1	2	3	0.5396	3.0092	$CI=(\lambda_{max}-n)/(n-1)=0.0046$
C4	1/2	1	2	0.2970		CR=CI/RI=0.0079<0.1 通过一致性检验
C5	1/3	1/2	1	0.1634		

从表 9-6 中可以看出，首先，结构风险指标下，C3（短期借款占全部借款比）在结构风险中所占比重最大，超过了一半，权重数为

0.5396；C4（短期借款与长期借款总和占总负债比）和 C5（应付账款、预收账款、应付票据总和占总负债比）这两个子指标对结构风险的影响程度相对较小。短期借款占全部借款之比体现一个企业在短期内需要偿还的有息债务，体现了企业短期偿债的压力大小。其次，短期借款与长期借款总和占总负债比体现出企业负债中需要总体支付利息的部分，也能衡量一个企业负债中各部分结构比重是否合理。预收账款、应付账款、应付票据总和占负债合计比为企业的商业信用负债，对企业债务风险的影响较弱，只要企业能够持续经营下去，有一定获利能力，此方面的风险压力较低。

4. 违约风险指标下各指标的影响

表 9-7　　　　　　　　违约风险指标下各指标的影响

指标	C6	C7	W_i	λ_{max}	一致性检验
C6	1	1/2	0.3333	2.0000	$CI = (\lambda_{max} - n)/(n-1) = 0$
C7	2	1	0.6667		$CR = CI/RI = 0 < 0.1$ 通过一致性检验

违约风险主要针对企业在到期时支付利息的能力，假如企业没有充足息税前利润，就有可能不能完成利息支付。所以在该指标下增设了 C6（利息保障倍数）和 C7（现金流利息保障倍数）两个子指标（见表 9-7）。企业实际支付利息是现金，所以很明显这两个指标中现金流利息保障倍数对企业违约风险影响更大，所占权重达到 0.6667；而利息保障倍数次之，占比只有 0.3333。

5. 二级指标对决策目标的影响权重

表 9-8　　　　　二级直指标对决策目标的影响权重及其排序

指标	C1	C2	C3	C4	C7	C5	C6
权重	0.4777	0.1592	0.1394	0.0767	0.0698	0.0422	0.0349

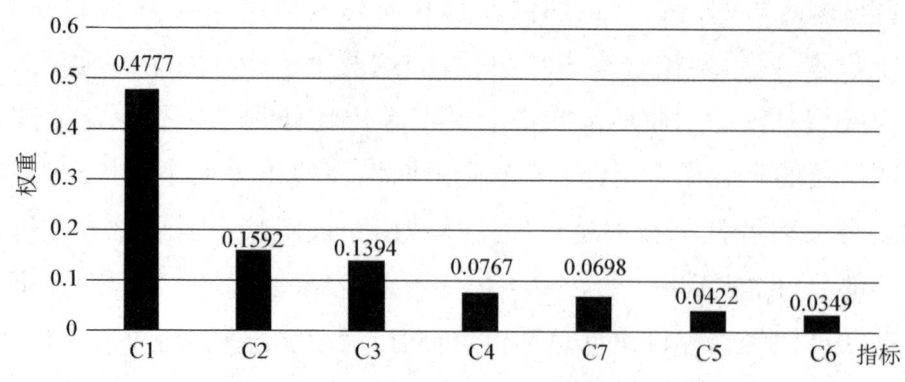

图 9-2　二级指标对决策目标的影响权重条形图

运用 yaahp 软件和特征向量法对比较判断矩阵进行一致性检验，得出各二级指标对决策层目标的影响权重如图 9-2 所示。从表 9-8 和图 9-2 可以看出，二级指标对决策目标的影响程度及其权重的排序为：C1、C2、C3、C4、C7、C5、C6，权重数越大，说明对决策目标的影响程度越高。在上述 7 个二级指标中，C1（资产负债率）对企业债务风险的影响最大，所占比重也最重；C2（流动比率）和 C3（短期借款占全部借款比）这两个指标所占比重相对较大；剩余 4 个指标虽有影响，但影响程度相对较小。

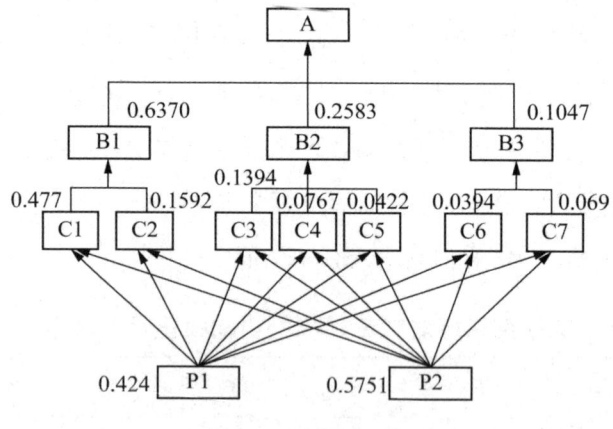

图 9-3　结论数据图

9.2.3 结论分析

本书通过层次分析法,利用 yaahp 软件,对企业债务风险进行逐层分析。如图 9-3 所示,方案层中 P1(短期偿债能力)和 P2(长期偿债能力)对整个企业债务风险的权重影响大小,企业的长期偿债能力相对于短期偿债能力对一个企业的债务风险和持续经营的影响力度更大。综上所述,企业债务风险中偿债风险权重最大,在偿债风险中企业的长期债务能力权重最大。

9.3 模型运用与数据分析

为避免数据变化波动过大,出现异常指标情况,本书选取两家真实上市公司案例进行分析,分别简称 A 企业和 B 企业。本章通过这两家企业 2015—2017 年近 3 年资产负债表数据对指标体系中涉及的 7 个二级指标进行了计算与统计分析。

表 9-9 A 企业的二级指标数据

企业	时间	资产负债比率	流动比率	短期借款占全部借款比	短期借款与长期借款总和占总负债比	应付账款、预收账款、应付票据总和占总负债比	利息保障倍数	现金流利息保障倍数
A	2015/12/31	0.7265	0.9003	0.1275	0.6075	0.1809	1.9627	1.7312
A	2016/12/31	0.6130	1.3624	0.0627	0.6122	0.1994	2.2921	2.5877
A	2017/12/31	0.6117	1.1804	0.0688	0.6783	0.1351	2.1858	2.3285

表 9-10 B 企业的二级指标数据

企业	时间	资产负债比率	流动比率	短期借款占全部借款比	短期借款与长期借款总和占总负债比	应付账款、预收账款、应付票据总和占总负债比	利息保障倍数	现金流利息保障倍数
B	2015/12/31	0.3688	2.7158	0.9443	0.2157	0.3787	4.4384	4.7748

企业	时间	资产负债比率	流动比率	短期借款占全部借款比	短期借款与长期借款总和占总负债比	应付账款、预收账款、应付票据总和占总负债比	利息保障倍数	现金流利息保障倍数
B	2016/12/31	0.4600	1.7279	0.9748	0.2610	0.2867	2.2531	4.4697
B	2017/12/31	0.6963	1.8742	0.6918	0.6144	0.2311	2.1761	2.9386

9.3.1 偿债风险分析

1. 资产负债比率

对一般企业来说，正常的借款人与其资产负债比率一般应低于0.75。从表9-9近3年资产负债比率指标来看，A企业总资产中借债筹资的比重总体上呈现下降的趋势，企业的偿债风险明显下降。该企业这3年的资产负债比率一直都低于0.75，说明企业注重偿债风险问题，并对其进行了有效地风险控制，使债务人权益保障程度越来越高，企业的偿债能力越来越强。从表9-10得知，B企业的资产负债率一直在增加，从2015年的0.3688到2017年的0.6963，增加幅度接近1倍，变化则较大，说明企业这3年所面临的偿债风险很大。

2. 流动比率

从表9-9近3年数据可以看出，A企业的流动比率总体在上升，表明企业资产的变现能力没有弱化，短期偿债能力也在增强。企业在2015年的流动比率小于1，说明这一年企业流动资产小于流动负债，即在短时间内，企业即使将全部现有流动资产变现，也不能保证能够偿还所有流动负债，这增加了企业的短期偿债风险，同时也对企业的长期发展构成影响。但是2016年开始企业的流动比率大于1，虽然还没有达到一般标准值，至少企业的流动资产在增加或者流动负债在减少，表明企业偿债风险越来越小，但是企业也必须继续加强债务风险的防控意识。相比较而言，从表9-10中得知，B企业的流动比率从

2.7158变到1.8742,呈下降趋势,这也预示着该企业近3年来债务风险越来越大。

9.3.2　结构风险分析

1. 短期借款占全部借款比

从2015—2017年数据来看,A企业负债内部结构中短期借款占全部借款比数值一直很低,且总体比例呈下降趋势,说明该企业一直比较倾向于通过长期借款的方式举债融资,尤其是2016年,该企业短期借款占比下降幅度较大,可能是企业偿还部分短期借款,也有可能是企业扩大了长期借款的规模。假如企业短期借款占全部借款比较高,则企业应该更注重提升企业自身的短期偿债能力,防控短期债务风险;若企业长期借款占全部借款比较高,企业就应该更注重长期偿债能力,防控长期债务风险。2015年和2016年,B的短期借款占比高达0.9以上,说明该企业在经营过程中较多采用短期借款来获取资金、持续经营。

2. 短期借款与长期借款总和占总负债比

从表9-9中得知,A企业短期借款与长期借款总和占总负债比有所增加,但增加幅度很小,2015—2017年这3年都一直保持在0.6左右,说明在这3年中企业借款占总负债比较高,企业需要偿还的有息债务也比较多,从债务结构来说,企业近3年来的债务风险一直在增加,虽然增加的幅度不大,但也需要引起重视。而表9-10中B企业短期借款与长期借款总和占总负债比前两年一直保持在0.2多一点,但是在2017年的时候突然增长到0.6144,增长幅度很大,由此需要偿还的有息债务也会大幅度增加,表明企业的债务风险越来越大。

3. 预收账款、应付账款、应付票据总和占总负债比

由于企业预收账款、应付账款、应付票据属于信用负债,不需要企

业支付利息,对于企业来说,该指标越高越好,说明企业所面临的偿债风险相对越小。由数据来看,A 企业预收账款、应付账款、应付票据总和占总负债比先是增加,然后在 2017 年又开始减少,平均值为 0.17,正好与企业的借款占总负债比相对应,两个指标数据呈相反方向变动。企业其实会根据自身发展的实际需要,自动优化债务结构,使之承担更小的债务风险。B 企业的预收账款、应付账款、应付票据总和占总负债比有所下降,这是因为该企业借款占总负债比的增加使得该比例下降。

9.3.3　违约风险分析

1. 利息保障倍数

当利息保障倍数大于 1 的时候,企业才能维持正常偿债能力,且比值越高,表明企业的长期偿债能力更强。从表 9-9 可以得知,2015—2017 年,A 企业的利息保障倍数均大于 1,尤其是后两年平均利息保障倍数大约在 2.25,只要企业的利息保障倍数有足够大,那么在支付利息方面企业就没有什么压力,从而可以降低违约风险(信用风险)。反之相反,从企业盈利能力的角度出发,说明这 3 年以来企业盈利能力在不断提高,利润的增长速度也较快,当然,这也直接可以反映该企业长期偿债能力在不断提高。表 9-10 中数据显示,B 企业近 3 年来的利息保障倍数均在 2.0 以上,虽然该指标在不断下降,但总体而言,该企业的获利能力、偿债能力还是较强。

2. 现金流利息保障倍数

实际交易中,企业需要用现金流支付利息。在这 3 年中,A 企业的现金流利息保障倍数有所增加,而 B 企业的现金流利息保障倍却在下降。将企业的利息保障倍数与现金流利息保障倍数相比较,发现两家企业现金流利息保障倍数变动更大一些,从 2016 年和 2017 年的数据来看,两家企业的利息保障倍数和现金流量利息保障倍数均大于 2,而且现金流利息保障倍数比利息保障倍数要略高一些。A 企业的经营净现金流在稳定增长,企业的长期偿债能力在增强,违约风险在不断下降,最后会导致企业整体债务风险下降;而 B 企业就刚好相反,其长期偿债能力是逐年下降的,企业的债务风险越来越明显。

9.3.4　结论分析

通过数据对 7 个二级指标进行分析,结合模型结论中的权重影响程度,可以先算出 2015—2017 年这两家企业 7 个指标的变动率,再分别乘以各自的权重,得出 3 年来 7 个指标对 A 企业债务风险的整体影响程度,其排序情况如下:资产负债率、流动比率、短期借款占全部借款比、短期借款与长期借款总和占总负债比、预收账款、应付账款、应付票据总和占总负债比、利息保障倍数、现金流利息保障倍数,见表 9-11;对 B 企业债务风险的整体影响程度,排序情况如下:资产负债率、流动比率、短期借款占全部借款比、短期借款与长期借款总和占总负债比、预收账款、应付账款、应付票据总和占总负债比、利息保障倍数、现金流利息保障倍数,见表 9-12。

表 9-11　A 企业的二级指标对决策目标的影响权重及其排序

指标	资产负债比率	流动比率	短期借款占全部借款比	短期借款与长期借款总和占总负债比	预收账款、应付账款、应付票据总和占总负债比	利息保障倍数	现金流利息保障倍数
变动率	−0.01148	0.2801	−0.0587	0.0708	−0.0458	0.2231	0.5973
权重	0.4777	0.1592	0.1394	0.0767	0.0422	0.0349	0.0698
影响程度	−0.0548	0.0446	−0.0082	0.0054	−0.0019	0.0078	0.0417
排序	1	2	4	6	7	5	3

表 9-12　　　　　B 企业的二级指标对决策目标的影响权重及其排序

指标	资产负债比率	流动比率	短期借款占全部借款比	短期借款与长期借款总和占总负债比	预收账款、应付账款、应付票据总和占总负债比	利息保障倍数	现金流利息保障倍数
变动率	0.3274	−0.8416	−0.2525	0.3987	−0.1476	−2.2623	−1.8363
权重	0.4777	0.1592	0.1394	0.0767	0.0422	0.0349	0.0698
影响程度	0.1564	−0.1340	−0.0352	0.0306	−0.0062	−0.0790	−0.1282
排序	1	2	5	6	7	4	3

　　通过实例分析,总体与前文模型结论中的排序判定是一致的。影响程度最大的一级指标依然是偿债风险,二级指标中排在最前面的也是资产负债比率和流动比率。可能由于企业这 3 年来现金流和盈利的增多,导致利息保障倍数和现金流利息保障倍数变动率增长幅度过大,综合排序比较靠前,但是对判断该企业债务风险的大小没有较大影响。

　　总体而言,3 年来,A 企业的经营状况良好,盈利水平也不断提高,自身偿还利息的能力也在增强;再加上企业管理层对债务风险意识的加强,一定程度有效地防控了企业债务风险,所以企业的债务风险越来越小。而 B 企业的经营状况逐渐恶化,债务率增加,盈利水平在下降,自身偿债能力也在降低,从年度动态视角表明企业债务风险越来越大。

9.4　本章小结

　　综上所述,本章以我国企业债务风险为研究对象,选取了 7 个二级指标,分别从规模风险、违约风险、结构风险三个方面对企业债务风险进行分析,构建了企业债务风险评估指标模型;全面考虑企业债务风险评价指标中各指标的重要性，利用层次分析法对企业债务风险评价指标进行赋权，得出企业债务风险中偿债风险所占权重更大，进行了指标排序分析，并从实例的年度动态视角分析企业债务风险高低变化。由于复杂市场环境下企业债务风险存在动态变化并逐渐强化，企业自身和企业外部部门都需要采取更有效的控制措施来防范企业债务风险。

第 10 章　研究结论与建议

10.1　研究结论

　　复杂环境会引发企业债务风险进而加剧企业价值波动,探寻企业面对异质周期叠加如何分类配置债务资源进而防控债务风险具有重要性,符合国家相关重要文件和会议精神。本书对复杂环境下多周期叠加的企业债务资源配置及风险防控机制进行研究,通过理论与实证分析主要得出以下结论:

　　第 3 章,研究经济周期与企业生命周期联动,经济周期和企业生命周期联动效应较大,宏观与微观结合形成联动。实证分析异质周期联动差异下负债结构差异,同时用案例探讨经济周期与企业生命周期联动下负债结构情况,经济周期与企业生命周期联动性强弱差异下资产负债率、短期负债率、长期负债率及银行借款率等存在差异。在复杂环境下,企业需要深入认识周期联动问题,认识事物发展的客观规律,优化企业债务结构进而防控债务风险。

　　第 4 章,阐述经济周期与企业生命周期联动对债务代理成本的影响,建立模型实证分析周期联动对债务代理成本的影响,并在进一步细化分类下实证分析周期联动对债务代理成本的效应。主要研究发现如下：在经济周期与企业生命周期联动性好时，投资风险性更高，资产替代现象更严重，债务代理成本更高，即联动性越好企业债务代理成本越高，联动性越差债务代理成本越低。地方国企相对中央控股企业，在经济周期与企业生命周期联动性下债务代理成本更高，投资风险性更大。在资产负债率较高组中经济周期与企业生命周期的联动性对债务代理成本的影响更大，在一定程度上表明，企业需要控制资产负债率，防止债务代理成本增加。

第5章，阐述多周期叠加强化效应下企业债务结构配置差异，进行理论分析并提出研究假设，再建立模型实证分析在多周期叠加强化效应下企业债务比例、债务期限结构差异。通过实证研究，对在经济周期和行业周期的多周期叠加强化效应下房地产企业的债务结构进行差异分析。通过对经济周期和房地产行业周期划分，形成多周期叠加阶段，通过分组统计分析，发现在经济周期与行业周期叠加上升阶段，债务比例和债务期限结构小于非叠加上升阶段；在经济周期与行业周期叠加下降阶段，债务比例和债务期限结构大于非叠加下降阶段。实证得出以下结论：房地产行业企业在经济周期和行业周期的叠加强化上升阶段相对于非叠加上升，房地产行业的企业总体的资产负债率有所降低，并且债务期限缩短；而在经济周期和行业周期的叠加强化下降阶段相对于非叠加下降，房地产行业企业的资产负债率有所上升，并且债务期限也会增加。

第6章，阐述多周期叠加效应下防控企业信贷风险的实证研究，基于外部环境叠加分析企业贷款变化行为，研究发现经济周期和制造业行业周期多个区间存在周期叠加，在周期叠加强化效应下制造业企业银行贷款存在差异性，通过对固定效应等模型的实证分析，发现制造业企业在经济周期和行业周期的叠加强化上升阶段相对于非叠加上升阶段，企业银行贷款比例更高，叠加机遇和压力下企业银行贷款变化明显。研究经济周期和行业周期的叠加强化效应对制造业企业银行贷款变化的影响,揭示其多周期叠加状况与企业银行贷款之间的变化规律。制造业企业在关注企业内部因素的同时,也需要更加重视企业的外部因素,提前预测企业所处经济周期和行业周期阶段,提前调整银行贷款规模,在双重叠加机遇和压力下分类进行企业银行贷款配置。

第7章,阐述多周期叠加效应下防控企业债务风险的模型与实证研究,剖析经济周期和行业周期研究企业债务风险、周期叠加强化效应下企业债务风险与防控举措,揭示多周期叠加与企业债务风险变化规律,拓展复杂周期性下风险防范研究。在叠加强化效应下房地产企业债务风险表现出差异性,房地产企业在经济周期和行业周期的叠加强化上升阶段相对于非叠加上升阶段,企业债务风险水平整体相对更低,企业债务风险与复杂周期联系紧密。处于上行的周期叠加区间的企业债务违约风险会低于处于下行的周期叠加区间。

第8章,阐述基于蒙特卡罗方法的企业债务风险防控分析,通过分析行业及公司债务风险的表现形式,选取多项指标作为债务风险衡量指标,构建研究行业及公司债务风险预警体系。首先,运用行业与公司均值比较方法,得出企业相对于行业的总体债务风险水平;其次,利用蒙特卡罗概率筛选方法,挑选出企业及行业数据中参数期望值与真实值偏差较大的多项指标,按不同的权重比排序不同指标在预警体系中的位置和作用,这有利于债务风险预警体系的可靠性和稳定性。通过探寻企业债务风险的多指标特征,探寻短期和长期债务风险的形成机理,利用蒙特卡罗方法,探索筛选可靠、稳定的债务风险衡量指标,将其应用到债务信息披露制度,进而构建行业和企业债务风险预警机制,发挥预测和决策建议的作用。

第9章,基于层次分析法的企业债务风险指标构建与风险防控分析,运用层次分析法建立企业债务风险评价指标体系,选取了 7 个二级指标,分别从规模风险、违约风险、结构风险三个方面对企业债务风险进行分析,构建企业债务风险评估指标模型。全面考虑企业债务风险评价指标中各指标的重要性,利用层次分析法对企业债务风险评价指标进行赋权,得出企业债务风险中偿债风险所占权重更大;进行了指标排序分析,并从实例的年度动态视角分析企业债务风险高低变化。

10.2 研究建议

(1)强化战略风险防控思维。战略风险防控注重事前战略性预测与风险评估,尤其注重复杂的周期叠加环境。基于事前风险控制,企业应加强战略性预测,建立事前风险评估制度,细化债务预算、债务来源、债务使用责任主体,健全债务保障制度。企业应注重关键风险控制点的管理,在债务筹集、债务管理,债务使用等关键环节,培训关键人员和建立专项制度,建立完善的融资规范制度,确保债务融资科学规范,加强风险防控与预警。

(2)加强企业债务风险管理。首先,企业要提高企业内部管理人员对债务风险管理的认识,使其深刻意识债务风险管理对企业发展的重要性,从企业总体层面关注重大风险领域,建立合理的债务风险管理责任制度。其次,企业应努力做好债务风险控制的管理工作,建立和完善企业债务风险评价指标体系,有条件的大型企业可在财务部门单独设立债务风险管理小组,与银行等保持联系、注意偿债风险监控,根据市场形势确定企业发展战略,制定风险防范的应对策略,保证企业在风险性投资过程中,能够及时有效地运用应急措施和方案。

(3)鼓励多元化融资。由于我国资本市场和金融市场发展还不是很完善和成熟，企业投融资方式较为单一，企业应充分利用市场资源，改变单一贷款融资方式，进行多元化融资。目前，国内许多企业内部负债比例过高，企业可适当通过提高收益比例来满足企业经营发展；企业可通过上市融资，优化企业资本结构，降低负债比例，降低企业融资成本并减少企业债务风险。满足条件的企业可以通过并购重组的方式来实现融资的多元化，更新融资方式、增强企业资金实力；另外，企业还可运用市场化债转股、收益权证券化、资产证券化拓展融资渠道。需要注意的问题，在具体债务决策中企业应充分考虑市场环境复杂性和多变性，采用科学融资决策，防控债务风险，作出有利于企业发展的相对最优决策。

（4）信贷机构应优化企业综合信用评级体系。信用缺失的违约风险不仅会影响企业的经营环境，还会降低债权银行的资产质量。信用风险已经成为金融风险的重要影响因素。从银行角度，银行客户间管理的重要环节是对客户信用风险评级，即结合多种综合指标对企业进行综合信用评级，深度评判企业风险状况和偿债能力等。这不仅利于银行自身风险管理，提高银行贷款回收率和资产质量，还可以降低劣质企业债务风险，间接给予企业警告，此举对于银行和信贷企业均具有防控风险的效用。

（5）优化企业债务结构。面对复杂的周期叠加环境，企业应重视降低资产负债率和流动比率等举措，调整企业长期借款和短期借款比例以及借款占负债总额比等。企业需要提高企业的经营效益来增加净利润、提升资产运营水平，通过适当压缩日常支出、进一步处置不良资产、减少各类无效资产占用，还应加大应收账款清收力度，尽可能如期按时偿还借款资金，避免出现违约风险。企业还可通过降低应收账款、存货等资金占用来提高资产运营效率，间接降低企业的资产负债率。另外优化企业债务内部结构，防止债务比例、债务期限和债务来源不合理，避免短期债务偿还过于集中，合理配置偿还约束性较强的债务等。

（6）共同考虑短期与长期债务风险预警体系。行业或公司在建立债务风险预警体系时，可将其分为短期债务风险预警体系和长期债务风险预警体系，这两大体系相互联系、相互影响，共同决定着企业未来的风险结构和风险水平，也对企业融资结构有着参考性意义。不同体系有不同的衡量标准，且各类标准在体系中所占权重也有所不同，在运行时需将各类指标按其重要性程度排列，以便更有侧重性的提出预警建议。

（7）复杂周期环境下，注意上行与下行周期叠加区间债务结构、债务风险之间的差异，尤其注意周期叠加处于下行区间，企业债务违约风险较大，需要加强宏观、行业周期叠加分析研判，进一步优化债务结构、防控企业风险，加强风险管理。

（8）相关主体可参与监控企业债务风险。企业债务风险形成已不仅仅是企业单独造成的，涉及很多相关主体，如信贷机构等。相关主体需要对企业债务风险的形成进行深入梳理，精准确定其风险点，政府机构等主体可参与监控企业债务风险。在对企业发放新增信贷时，信贷机构需更更加重视以前债务情况以及后续贷款资金是否能够产生的效益，避免盲目对企业进行放贷。

（9）相关主体可参与治理债务风险高的企业。政府、信贷机构、行业协会等主体可以对企业进行分类监控，对于债务风险高的企业应建立更加有针对性的信贷制度，充分评估其债务风险，防止其债务风险进一步增加。对于实在无力偿还债务和效益很差的企业，可进行破产清算或兼并重组，对于债务风险暂时较高，但前景较好企业，可给予适当的资金支持，鼓励多种可行的融资方式。不同行业特点的企业有其适合的融资方式，应避免过于单一的融资方式，相关主体对企业债务可进行统筹建议并联合治理。

债务风险一直是企业发展过程中面临的重要问题。如果防控措施处理不当，企业债务风险就可能蔓延扩大。因此，企业、信贷机构、行业协会等主体应该高度重视企业债务风险问题，严格控制企业债务规模，合理优化债务结构，建立债务安全制度，有效降低企业债务风险，科学规范、分类有序推进债务管理进而促进企业高质量发展。

参 考 文 献

一、中文部分

[1] 蔡明超,费方域,朱保华.中国宏观财政调控政策提升了社会总体效用吗? [J].经济研究,2009,44(3):78-85+159.

[2] 翟乃森.房地产市场的繁荣与萧条:宏观经济层面研究进展与争议[J].当代经济管理,2019,41(6):9-16.

[3] 丁振辉,韩佩颖.小微企业贷款不良率的影响因素研究——基于 X 银行贷款质量的面板数据分析[J].金融理论探索,2016(1):18-23.

[4] 范从来,袁静.成长性、成熟性和衰退性产业上市公司并购绩效的实证分析[J].中国工业经济,2002(8):65-72.

[5] 高波,樊学瑞,赵奉军.金融冲击与房地产市场波动——一个宏观分析框架及中国的经验证据[J].经济理论与经济管理,2017(6):45-56.

[6] 苟文均,袁鹰,漆鑫.债务杠杆与系统性风险传染机制[J].金融研究,2016(3):74-91.

[7] 顾小龙,徐莉萍,施燕平,夏雪.崩盘风险预期与公司银行债务结构[J].会计研究,2018(8):35-41.

[8] 郭鹏飞,孙培源.资本结构的行业特征[J].经济研究,2003(5):66-73.

[9] 郭晓蓓.企业债务来源对非效率投资行为的影响——以我国制造业上市企业为例[J].会计之友,2017(9):71-74.

[10] 黄乾富,沈红波.债务来源、债务期限结构与现金流的过度投资——基于中

国制造业上市公司的实证证据[J].金融研究,2009(9):143-155.

[11] 黄赜琳,朱保华.中国的实际经济周期与税收政策效应[J].经济研究,2015,50(3):4-17+114.

[12] 江龙,刘笑松.经济周期波动与上市公司现金持有行为研究[J].会计研究,2011(9):40-46.

[13] 姜付秀,刘志彪,李焰.不同行业内公司之间资本结构差异研究[J].金融研究,2008(5):172-185.

[14] 姜付秀,刘志彪.行业特征、资本结构与产品市场竞争[J].管理世界,2005(10):74-81.

[15] 李明睿.公司债务违约风险与审计意见购买的实证研究[J].中国注册会计师,2019(3):70-76.

[16] 李佩珈,梁婧.杠杆率、债务风险与金融稳定——基于理论和中国经济杠杆率的实证分析[J].新金融,2015(4):18-21.

[17] 刘志远,郭瑾,彭涛.债务融资、债务来源与企业风险承担[J].现代管理科学,2017(10):12-14.

[18] 陆嘉玮,陈文强,贾生华.债务来源、产权性质与房地产企业过度投资[J].经济与管理研究,2016,37(9):126-136.

[19] 梅波,吴昊旻.嵌入行业周期的债务来源间替代效应研究[J].经济与管理研究,2013(8):74-82.

[20] 梅波.债务期限、公司治理与企业价值——来自我国 A 股上市公司的经验证据[J].经济问题探索,2009(6):107-114.

[21] 闵丹,韩立岩.市场结构、行业周期与资本结构[J].管理世界,2008(2):82-89.

[22] 潘泽清.企业债务违约风险 Logistic 回归预警模型[J].上海经济研究,2018(8):73-83.

[23] 彭贵芬,刘盈曦.云南年降水多周期叠加与连续特大气象干旱关系及趋势预估研究[J].云南大学学报(自然科学版),2014,36(4):530-537.

[24] 屈蕊勃.金融发展、基金持股与企业银行贷款[J].财会通讯,2020(12):95-98.

[25] 司颖华.我国房地产周期的测度及其非线性动态调整[J].统计与决策,2014
(19):148-151.

[26] 苏冬蔚,曾海舰.宏观经济因素与公司资本结构变动[J].经济研究,2009,44
(12):52-65.

[27] 孙铮,刘凤委,李增泉.市场化程度、政府干预与企业债务期限结构[J].经济
研究,2005(5):52-63.

[28] 谭小芬,李源.新兴市场国家非金融企业债务:现状、成因、风险与对策[J].
国际经济评论,2018(5):61-77+5.

[29] 汤普森.战略管理概念与案例[M].北京:北京大学出版社,2009.

[30] 陶炳新,韦勇娟.金秀夏季降水量预测的周期叠加预测法[J].气象研究与应
用,2011,32(2):26-28.

[31] 王曦,王茜,陈中飞.货币政策预期与通货膨胀管理——基于消息冲击的
DSGE分析[J].经济研究,2016,51(2):16-29.

[32] 邢兰辉,吕惠萍,张锦辉.周期叠加方差分析法预报河川径流量[J].水文,
2007(4):41-44.

[33] 徐国祥,王芳.我国房地产市场周期波动谱分析及其实证研究[J].统计研
究,2010,27(10):18-24.

[34] 杨兴全.上市公司债务融资结构研究[M].北京:经济管理出版社,2008.

[35] 杨毅.中小企业融资中银行贷款的可获性——主要影响因素与地区差异
[J].大连理工大学学报(社会科学版),2009,30(2):46-51.

[36] 于博,Gary Gang Tian.产能治理与企业债务结构再平衡——基于商业信用
与银行信贷关系视角[J].财经研究,2018,44(2):29-43.

[37] 张靖,肖翔,李晓月.环境不确定性、企业社会责任与债务违约风险——基
于中国A股上市公司的经验研究[J].经济经纬,2018,35(5):136-142.

[38] 张梅,陈玉光,杨冰.方差分析周期叠加法预测农作物生长季积温[J].现代
农业科技,2017(21):237+240.

[39] 张品一.货币政策与房地产周期性波动[J].现代经济探讨,2019(5):48-54.

[40] 张伟进,方振瑞,黄敬翔.城乡居民生活水平差距的变化——基于经济周期
视角分析[J].经济学(季刊),2015,14(2):651-676.

［41］赵萍.国内商业银行贷款定价影响因素研究［J］.金融发展研究,2019(1)：90-92.

［42］仲怀公,马圆明.企业债务违约风险、高管能力与审计收费［J］.财会通讯,2019(18)：36-38＋63.

［43］周彬,周彩.土地财政、企业杠杆率与债务风险［J］.财贸经济,2019,40(3)：19-36.

二、英文部分

［44］Agarwal R，Gort M. The Evolution of Markets and Entry，Exit and Survival of Firms［J］. The Review of Economics and Statistics，1996：489-498.

［45］Aivazian V A，Ge Y，Qiu J. The Impact of Leverage on Firm Investment ［J］. Journal of Corporate Finance，2005，11(1)：277-291.

［46］Amit R，Schoemaker P J H. Strategic Assets and Organizational Rent［J］. Strategic Management Journal，1993，14(1)：33-46.

［47］Barclay M J，C W Smith, et al. On the Debt Capacity of Growth Options ［J］. Journal of Business，2006，79(1)：37-59.

［48］Barney J B. Looking Inside for Competitive Advantage［J］. The Academy of Management Executive，1995，9(4)：49-61.

［49］Barney J. Firm Resources and Sustained Competitive Advantage［J］. Journal of Management，1991，17(1)：99-120.

［50］Berens J L，Cuny C J. The Capital Structure Puzzle Revisited［J］. Review of Financial Studies，1995，8(4)：1185-1208.

［51］Bhaskarabhatla A，Klepper S. Latent Submarket Dynamics and Industry Evolution：Lessons From the US Laser Industry［J］. Industrial and Corporate Change，2014，23(6)：1381-1415.

［52］Bradley M，G Jarell，E H Kim. On the Existence of an Optimal Capital Structure：Theory and Evidence［J］. Journal of Finance，1984，39：857-878.

[53] Chevalier J A. Capital Structure, Product-Market Competition-Empirical-Evidence from the Supermarket Industry[J]. American Economic Review, 1995, 85(3): 415-435.

[54] Christiano L J, Eichenbaum M, Evans C L. Nominal Rigidities and the Dynamic Effects of a Shock to Monetary Policy[J]. Journal of Political Economy, 2005, 113(1): 1-45.

[55] Devos E, Dhillon U, Jagannathan M, et al. Why Are Firms Unlevered? [J]. Journal of Corporate Finance, 2012, 18(3): 664-682.

[56] Fries S, M Miller, et al, Debt in Industry Equilibrium[J]. Review of Financial Studies, 1997, 10(1): 39-67.

[57] Gort M, S Klepper. Time Paths in the Diffusion of Product Innovations [J]. Economic Journal, 1982, 92(367): 630-653.

[58] Graham John R, Mark T Leary, Michael R Roberts. A Century of Capital Structure: The Leveraging of Corporate America[J]. Journal of Financial Economics, 2015, 118(3): 658-683.

[59] Harris M, A Raviv. Theory of Capital Structure[J]. Journal of Finance, 1991, 46(1): 297-355.

[60] Hirsch Julia, Walz Uwe. Financing Decisions Along a Firm's Life-Cycle: Debt as a Commitment Device[EB/OL]. Available at SSRN: http://ssrn. com/abstract=1501153 or http://dx.doi.org/10.2139/ssrn.1501153. 2009, 11(6).

[61] Hovakimian Armen, Gayane Hovakimian, Hassan Tehranian. Determinants of Target Capital Structure[J]. Journal of Financial Economics, 2004, 71: 517-540.

[62] Jovanovic B, MacDonald G M. The Life Cycle of a Competitive Industry [J]. Journal of Political Economy, 1994: 322-347.

[63] Kayo E K, H Kimura. Hierarchical Determinants of Capital Structure[J]. Journal of Banking & Finance, 2011, 35 (2): 358-371.

[64] Kydland F E, Prescott E C. Time to Build and Aggregate Fluctuations

[J]. Econometrica, 1982, 50(6): 1345-1370.

[65] Lang L, Ofek E, Stulz R. Leverage, Investment and Firm Growth [J]. Journal of Financial Economics, 1996, 40(1): 3-29.

[66] MacKay P, G M Phillips. How Does Industry Affect Firm Financial Structure? [J].Review of Financial Studies, 2005, 18(4): 1433-1466.

[67] Maksimovic V, J Zechner. Debt, Agency Costs, and Industry Equilibrium [J]. Journal of Finance, 1991, 46(5): 1619-1643.

[68] Myers S C. The Capital Structure Puzzle[J]. The Journal of Finance, 1984, 39(3): 574-592.

[69] Opler T C, S Titman. Financial Distress and Corporate Performance[J]. Journal of Finance, 1994, 49 (3): 1088-1089.

[70] Petersen M A. Estimating Standard Errors in Finance Panel Data Sets[J]. Review of Financial Studies, 2009, 22(1):435-480.

[71] Porter M E. Competitive strategies[M]. New York: The Free Press, 1980.

[72] Sorge M, Zhang C, Koufopoulos K. Short-Term Corporate Debt around the World[J]. Journal of Money, Credit & Banking, 2017, 49(5) :997-1029.

[73] Strebulaev I A, Yang B. The Mystery of Zero-leverage Firms[J]. Journal of Financial Economics, 2013, 109(1): 1-23.

[74] Wernerfelt B. A resource based view of the firm [J]. Strategic Management Journal, 1984, 5(2): 171-180.